BUZZ

© 2023, Quarto Publishing Group USA Inc.
© 2023, Texto, Allison Scott
© 2024, Buzz Editora
Publicado mediante acordo com Allison Scott em conjunto com
2 Seas Literary Agency e LVB&Co Agência Literária.

Título original: *Decoding the Stars:
A Modern Astrology Guide to Discover Your Life's Purpose*

Publisher **Anderson Cavalcante**
Coordenadora editorial **Diana Szylit**
Editor-assistente **Nestor Turano Jr.**
Analista Editorial **Érika Tamashiro**
Preparação **Paula Queiroz**
Revisão **Mel Ribeiro, Daniela Franco Mendes
e Carolina Manabe Pasetti**
Índice remissivo **Maria Claudia Carvalho Mattos**
Projeto gráfico **Estúdio Grifo**
Assistentes de design **Júlia França e Lívia Takemura**

*Nesta edição, respeitou-se o novo
Acordo Ortográfico da Língua Portuguesa.*

Dados Internacionais de Catalogação na Publicação (CIP)
(Câmara Brasileira do Livro, SP, Brasil)

Scott, Allison
*Decifrando as estrelas: Um guia de astrologia
moderno para encontrar seu propósito* /
Allison Scott; tradução Cristiane Maruyama.
1ª ed. São Paulo: Buzz Editora, 2024.
288 pp.
Título original: *Decoding the stars:
a modernastrology guide to discover your life's purpose*
Bibliografia.
ISBN 978-65-5393-258-6

1. Astrologia 2. Autoajuda 3. Desenvolvimento pessoal 4. Horóscopos 5. Signos I. Título.

Índices para catálogo sistemático: 1. Astrologia 133.5

Eliane de Freitas Leite – Bibliotecária – CRB 8/8415

Todos os direitos reservados à:
Buzz Editora Ltda.
Av. Paulista, 726, Mezanino
CEP 01310-100, São Paulo, SP
[55 11] 4171 2317
www.buzzeditora.com.br

Allison Scott

Decifrando as estrelas

Um guia de astrologia moderno para encontrar seu propósito

Tradução
Cristiane Maruyama

7 Introdução
17 Entendendo o código

I
Sua essência

33 CAPÍTULO UM
O signo solar: Sua natureza essencial

60 CAPÍTULO DOIS
A casa onde está o Sol: Onde você está energizado

90 DECIFRANDO O CÓDIGO
Sua essência

II
Sua motivação

95 CAPÍTULO TRÊS
O signo Ascendente: O que motiva você

124 CAPÍTULO QUATRO
O regente do Ascendente: Para onde você é direcionado

146 DECIFRANDO O CÓDIGO
Sua motivação

III

Seu bem-estar emocional

151   CAPÍTULO CINCO
O signo lunar: Sua natureza emocional

182   CAPÍTULO SEIS
A casa onde está a Lua: Onde você encontra realização emocional

206   DECIFRANDO O CÓDIGO
Seu bem-estar emocional

IV

Seu trabalho

211   CAPÍTULO SETE
Suas Casas de Substância

218   CAPÍTULO OITO
Casas de Substância: Terra

229   CAPÍTULO NOVE
Casas de Substância: Ar

239   CAPÍTULO DEZ
Casas de Substância: Água

249   CAPÍTULO ONZE
Casas de Substância: Fogo

260   DECIFRANDO O CÓDIGO
Seu trabalho

---

263   **Calibração**
277   **Agradecimentos**
278   **Referências bibliográficas**
280   **Índice remissivo**
288   **Sobre a autora**

Introdução

Quem sou eu?
Por que estou aqui?
Estou aqui para fazer o quê?

SÃO PERGUNTAS QUE TODOS NÓS FAZEMOS.

O que buscamos ao responder essas perguntas é a maneira como podemos viver uma vida plena e saber que, quando chegarmos ao fim de nossa breve estadia aqui, terá sido um tempo bem investido. Queremos experimentar alegria, sentir que vivemos com propósito e para *alcançar* um propósito, intencionalmente.

Há uma inércia desconcertante e insidiosa na vida. Mesmo que tomemos inúmeras decisões diariamente e acreditemos nessa corrida frenética que estamos realmente vivendo, quantos de nós paramos e percebemos que anos se passaram no mesmo trabalho insatisfatório, na mesma cidade sufocante, na mesma mediocridade desalinhada? No horror do momento, você pode sentir vontade de fugir, de queimar tudo, largar o emprego e viajar pelo mundo — e talvez esse seja o seu caminho. Mas viver de forma reativa pode trazer vários problemas. Para viver intencionalmente, precisamos de um pouco de paciência, autorreflexão e sabedoria.

A astrologia nos fornece um poderoso conhecimento que foi acumulado ao longo de milhares de anos e nos dá um meio de estruturar nossa introspecção. A astrologia me ajudou a viver com mais intenção, mais pacificidade, mais alegria e gratidão. Isso me auxiliou a aconselhar os clientes a fazerem o mesmo. E, neste livro, vou ajudar você a entender como, ao decodificar as estrelas, é possível entender melhor a si mesmo e o propósito de sua vida.

Você está aqui com um propósito

Eu costumava pensar que encontrar meu propósito era identificar uma tarefa. O que eu deveria estar *fazendo*? Como devo preencher meu tempo? O que devo criar? Que atividades darão sentido à minha vida?

Compreendi que identificar nossa vocação é o resultado da compreensão de nossa verdadeira natureza: quais são nossas principais características? O que nos motiva? O que nos inspira? O que nos faz sentir seguros? Uma vez que entendemos nossa natureza e escolhemos viver com autenticidade, podemos identificar as atividades que nos parecem significativas. E o mais incrível, descobri que quanto mais autêntica e intencionalmente vivemos, mais experimentamos felizes acasos e sorte. Como se, ao nos livrarmos de tudo o que não somos e reivindicarmos entusiasticamente nossa verdadeira natureza, pudéssemos começar a cocriar com o universo. É assim que experimentamos o fluxo. É dessa forma que nossa vida é impregnada de magia.

Mas como podemos entender nossa verdadeira natureza e viver conscientes e com propósito? É aqui que entra a astrologia.

A astrologia estuda as correlações entre o movimento de objetos celestes (por exemplo, planetas, luminares, asteroides) e o que ocorre aqui na Terra. O que acontece nos céus descreve o que está acontecendo em nosso mundo. Como acima, assim abaixo. Nosso conhecimento desse fenômeno foi acumulado ao longo de milênios. A tradição ocidental da astrologia agora praticada tem raízes que remontam a quatro mil anos na Mesopotâmia, onde os astrólogos catalogaram cuidadosamente os presságios celestes e os eventos terrestres que predisseram. Durante o século V a.C., porém, um novo ramo mais pessoal da astrologia começou a surgir. Os astrólogos começaram a analisar a localização do Sol, da Lua e dos planetas no momento do nascimento de uma pessoa para obter informações divinas sobre sua natureza e seu destino. Essa prática, a que nos referimos como Astrologia Natal, desenvolveu-se ao longo dos últimos dois mil e quinhentos anos e ainda tem uma sabedoria valiosa em nossa era moderna.

A premissa fundamental da Astrologia Natal é que você nasceu para ser você. O momento em que você respirou pela primeira vez não foi um acaso, mas um destino, e a posição das estrelas e planetas naquele momento aponta para esse destino. Você nasceu de propósito.

Você nasceu *para* um propósito. Ao decodificar seu mapa natal, você entenderá melhor seu eu complexo e cheio de nuances e reivindicará conscientemente tudo o que o compõe. A partir desse autoconhecimento, poderá construir uma vida e experimentar o contentamento e o fluxo que esse alinhamento oferece. O trabalho que você faz, o descanso que desfruta, os relacionamentos que estabelece e a arte que cria tornam-se uma expressão de sua verdadeira natureza.

ESTAR EM FLUXO

Quando nossas vidas estão em fluxo, percebemos uma sensação de alinhamento. Nossos pensamentos e ações parecem corretos para nós, e há uma sensação de receber apoio das pessoas e do mundo ao nosso redor. As coisas parecem estar se encaixando e progredindo. Isso não significa que quando estamos no fluxo as coisas são fáceis. Você pode estar exercendo uma grande quantidade de esforço em atividades que o fazem se sentir no fluxo. Mas há uma retidão e alegria fascinantes nesse estado. Quando falamos em encontrar nosso caminho e propósito, buscamos a retidão. Não podemos estar nesse estado o tempo todo, e as atividades e escolhas que nos fazem sentir alinhados irão evoluir à medida que crescemos e mudamos. Por meio da autorreflexão e testando escolhas de forma intencional, ponderada e divertida, podemos continuar a recalibrar nossas vidas para um estado de fluxo. A astrologia auxilia na autorreflexão necessária para você encontrar o caminho que o faça se sentir em fluxo.

O seu propósito de vida é ser você.

Talvez você esteja se perguntando: se está destinado a viver o seu mapa natal, então por que investigá-lo? Você não vai apenas viver o seu destino? Embora o equilíbrio entre livre-arbítrio e destino tenha sido um debate acalorado entre astrólogos e filósofos ao longo dos tempos, como astróloga praticante, notei duas coisas que me convenceram do valor da astrologia.

Primeiro, entender o próprio mapa natal ajuda a identificar o que você é e o que não é. Nossa sociedade não foi construída para a autorrealização. Opressões generalizadas como racismo sistêmico, misoginia, fanatismo de todo tipo, capitalismo, educação homogeneizante e religiões e credos sufocantes nos empurram e puxam para uma dolorosa e monstruosa forma. A astrologia nos dá uma linguagem e uma metodologia para interrogar quais partes de nossa vida e identidade nos parecem autênticas e quais são impostas a nós. A astrologia nos ajuda a nomear e reivindicar partes de nós mesmos que a cultura dominante preferiria que reprimíssemos. É o trabalho de uma vida: conhecer e abraçar quem somos e nos livrar de quem não somos.

Em segundo lugar, embora você esteja sempre vivendo seu mapa natal, poderia estar fazendo algo *melhor* para si mesmo. Você poderia estar mais alinhado. Em parte, conseguir isso é se livrar do que não é você e reivindicar o que foi forçado a negar. Mas a astrologia também ajuda você a entender por que algo parece estar alinhado e como alinhar ainda mais a sua vida. Muitos de meus clientes estão insatisfeitos com seus empregos, mas isso não significa que estejam na carreira errada. Há uma razão pela qual eles estão nessa função e nesse campo, é uma expressão de sua verdadeira natureza. Mas o que há nesse papel que parece certo e em fluxo? Quer você seja um médico, cabeleireiro ou terapeuta, se tem Água em suas Casas de Substância (veja a Parte IV), então há um foco inerente nos relacionamentos, intuição e conexão emocional em seu trabalho. Alguém com a mesma profissão, mas que tem Terra em uma Casa de Substância se sentirá engajado no trabalho de uma maneira totalmente diferente.

Compreender os aspectos-chave do seu mapa ajudará você a identificar o que há de errado com suas vibrações de trabalho e sua natureza para que tente aumentar o que parece melhor e limitar o que parece sufocante. Não podemos evitar totalmente tarefas e situações de que não gostamos, mas é possível ajustar o equilíbrio para que mais tempo e energia sejam gastos naquilo que nos faz sentir vivos. Essa recalibração pode exigir apenas algumas mudanças ou levar você a fazer grandes revoluções em seu trabalho ou em sua vida.

Quero enfatizar que você não está fazendo nada de errado, independente de onde estiver em sua jornada. Você pode se sentir perdido, mas já está no caminho. Tudo o que experimentou fornece informações para orientar aonde deve ir a seguir. Tudo o que aconteceu — dor ou alegria, fracasso ou sucesso — moldou você. Saiba também que estar em alinhamento com sua verdadeira natureza e viver seu propósito não eliminará todo o sofrimento. Na verdade, pode haver *mais* sofrimento ao viver sua verdade em um mundo que pode não aceitá-la. Mas também há presentes e alegrias quando renunciamos a nossas vidas de desespero silencioso. Desejo que você se sinta plenamente vivo e presente em sua vida, que ela tenha significado para você. Que você escolha entrar em sua totalidade com autoconhecimento e intenção e viver com propósito todos os dias desta preciosa vida.

Como usar este livro

Este livro guiará você, passo a passo, na decodificação de seu mapa natal para ajudá-lo a entender a si mesmo e o propósito de sua vida. Como a maioria de nós gasta muito tempo trabalhando, boa parte do foco do livro estará nas atividades e na profissão para as quais você foi chamado. Importante observar, porém, que muito do prazer e da satisfação que obtemos da vida vem de atividades pelas quais não somos pagos e de relacionamentos significativos. Ao ler o livro e decodificar seu mapa natal, compreenda como as descrições se aplicam à sua vida pessoal e profissional. Observe também que nem todos os aspectos de todas as veiculações se aplicarão a você. Este livro pretende ser uma ferramenta de autorreflexão, não um rígido manual de instruções. Em última análise, você é quem se conhece melhor, então agregue o que ressoa em você e abandone o que não ressoar.

Para desvendar a sabedoria da astrologia, primeiro você precisa aprender a linguagem, os símbolos e as metáforas desse antigo sistema. Em Decifrando o código, aprenderá os fundamentos da astrologia, como fazer seu mapa natal, os diferentes elementos que o compõem e como lê-lo.

Assim que estiver familiarizado com a linguagem astrológica, você poderá começar a decodificar seu mapa natal. Cada capítulo do livro irá levá-lo a uma faceta diferente do seu mapa natal. Os capítulos foram escritos para serem lidos em ordem, com os tópicos mais importantes abordados primeiro; no entanto, podem ser independentes, e talvez você prefira mergulhar no tópico que mais chama a sua atenção.

A jornada começa com a Parte I: Sua essência para aprender como a posição do seu Sol natal explica sua natureza essencial e onde na vida você se sente mais energizado. A seguir, na Parte II: Sua motivação, consideraremos como o signo Ascendente e o regente do planeta ou luminar descrevem o que o impulsiona e para onde sua vida está sendo dirigida. Na Parte III: Seu bem-estar emocional, discutiremos como seu signo lunar e sua casa explicam de que forma você se sente emocionalmente seguro, regulado e realizado. Esses três aspectos do seu mapa — Sol, Ascendente e Lua — fornecem a base essencial para decodificar sua verdadeira natureza e seu propósito de vida.

Depois que você se familiarizar com esses aspectos essenciais de si mesmo, vamos nos aprofundar no que o mapa natal tem a dizer sobre sua carreira. Na Parte IV: Seu trabalho, revisaremos como você administra as finanças e seus bens, as habilidades que utiliza para ganhar dinheiro, como prefere estruturar seu trabalho diário e o estilo abrangente de sua carreira e vida pública.

Cada parte termina com Decifrando o código, uma série de reflexões que ajudam você a descompactar ainda mais cada aspecto do seu mapa, considerar como ele influenciou sua vida até agora e discernir como aplicar as informações para se sentir mais no fluxo.

Na seção final, Calibração, veremos como equilibrar esses diferentes aspectos de seu mapa. Você considerará como as qualidades de seu Sol, seu Ascendente, sua Lua e suas Casas de Substância apareceram em sua vida, por que certas partes de seu mapa ressoam mais do que outras e como os elementos se apoiam ou se desafiam. Terminaremos onde começamos: refletindo sobre sua verdadeira natureza e como você pode viver com autenticidade e propósito pleno.

**Que você se veja com
mais clareza e amor.**

**Que você encontre o que o anima
e agarre com as duas mãos.**

**Que você viva a expressão mais
plena de suas estrelas.**

Que assim seja.

Entendendo o código

Antes de mergulhar na decodificação do seu mapa natal, você precisa se familiarizar com a linguagem e os símbolos astrológicos. A astrologia é uma disciplina complexa, mas, para o nosso objetivo, vamos nos concentrar em alguns elementos essenciais que nos ajudarão a desvendar o propósito de sua vida. Esta seção explicará:

+ O que é um mapa natal e como fazer o seu;
+ O que os planetas, luminares e pontos significam na astrologia e como identificá-los em seu mapa;
+ Os significados das casas astrológicas;
+ Os signos do zodíaco em seu mapa.

O mapa natal

Seu código astrológico é expresso visualmente como seu mapa natal. Um mapa natal é um diagrama do céu no momento do seu nascimento, observando as posições dos planetas e luminares (Sol e Lua). Os mapas também podem incluir outros corpos celestes (como asteroides), bem como pontos calculados (o Meio do Céu, por exemplo).

O mapa natal é desenhado como um círculo representando a eclíptica — isto é, o caminho aparente que o Sol, a Lua e os planetas percorrem pelas constelações do zodíaco ao longo do ano. A eclíptica (e, portanto, o mapa natal) é dividida em doze seções iguais de 30º. Cada seção de 30º corresponde a um dos doze signos do zodíaco. Em um mapa natal, cada signo está em uma das casas.

Colocados ao redor do mapa natal, glifos representam os vários planetas, luminares e pontos, que indicam onde estavam ao longo da eclíptica quando você nasceu. Veja a figura das Partes do Mapa Natal, observando a posição dos planetas, os números das casas e os signos do zodíaco.

Partes do Mapa Natal

Você pode notar na figura das Partes do Mapa Natal que há um signo zodiacal por casa: Áries ocupa toda a Casa 1, Touro ocupa a Casa 2 e assim por diante. Esse tipo de distribuição das casas é chamado de Sistema de Casas Inteiras e existe há cerca de dois mil anos. Esse sistema parece ter sido o primeiro usado na astrologia Helenística, ou seja, a astrologia desenvolvida por astrólogos gregos no século I a.C. — que se tornou a base para toda a astrologia ocidental. Na longa história da astrologia, muitos sistemas de desenho de casas foram desenvolvidos, e os astrólogos usam aquele que ressoa melhor com eles e seus clientes. Prefiro usar o Sistema de Casas Inteiras, mas mesmo se você preferir outro sistema (por exemplo, o Placidus), as informações deste livro permanecem válidas. Por exemplo, as informações sobre o posicionamento da casa de sua Lua por signo e casa são relevantes independentemente do sistema de casas que você usa.

Agora que você tem uma ideia de como é um mapa natal, vamos nos aprofundar nas partes principais:

+ O Ascendente e o seu signo;
+ As casas;
+ Os signos do zodíaco;
+ Luminares, planetas e pontos.

O ponto e o signo Ascendentes

Para traçar seu mapa natal, você precisa primeiro determinar o ponto do Ascendente, que é o grau exato do zodíaco alinhado ao horizonte leste no momento do seu nascimento. Esse ponto Ascendente residirá em um signo zodiacal específico. Por exemplo, a autora Ursula K. Le Guin nasceu quando o horizonte leste estava a 2º de Touro, então o ponto do seu Ascendente é em 2º de Touro. O signo Ascendente é o signo zodiacal que contém o ponto do Ascendente. Então, o signo Ascendente de Le Guin é Touro.

No Sistema de Casas Iguais, o signo Ascendente estabelece a Casa 1, e essa casa contém todos os 30º do signo Ascendente. A Casa 2 contém todos os graus do próximo signo zodiacal — no caso de Le Guin, Gêmeos. Isso continua, com cada casa sucessiva contendo o próximo signo inteiro seguindo a ordem do zodíaco.

Mapa natal de
Ursula K. Le Guin

Data de nascimento 21 de outubro de 1929
Hora de nascimento 17h31
Local de nascimento Berkeley, Califórnia

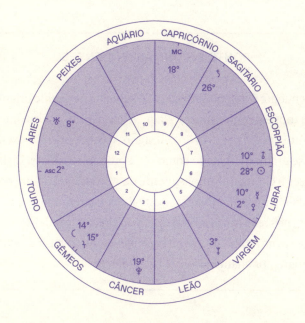

Como o ponto Ascendente e o signo Ascendente estabelecem a Casa 1 e, portanto, toda a configuração do mapa, deve-se calcular o ponto Ascendente com a maior precisão possível. Leva cerca de duas horas para a Terra girar 30º da eclíptica, então o signo Ascendente muda a cada duas horas. Dependendo de quando você nasceu, mesmo dez minutos podem fazer a diferença entre ter seu ponto do Ascendente em um signo ou outro, então quanto mais perto você chegar da hora exata do seu nascimento, melhor. Em alguns lugares, o horário de nascimento de uma pessoa está indicado em sua certidão de nascimento. Outras vezes, você terá que confiar em membros da família, fotos com carimbo de data/hora ou outros registros para estabelecer sua hora de nascimento. Se não tiver certeza sobre isso, poderá trabalhar com um astrólogo especializado em retificação, o procedimento pelo qual os astrólogos correlacionam aspectos de sua vida, personalidade e eventos importantes para determinar sua provável hora de nascimento e seu Ascendente.

PONTO E SIGNO ASCENDENTES

O signo Ascendente é o signo zodiacal que subia no horizonte oriental quando você nasceu (por exemplo, Touro). Naquele momento, o horizonte estava alinhado com um grau específico do seu signo Ascendente (por exemplo, 3º de Touro), e esse grau é conhecido como seu ponto Ascendente. O signo Ascendente às vezes é chamado simplesmente de Ascendente, o que pode ser um pouco confuso. Para maior clareza, neste livro, usaremos apenas o termo *Ascendente* para nos referirmos ao grau exato do signo Ascendente alinhado com o horizonte leste no momento do seu nascimento. Ao discutir o signo como um todo, continuaremos chamando-o de Ascendente.

Casas

O mapa natal é dividido em doze segmentos, chamados de casas. Cada casa significa vários temas da vida (veja a tabela Significado das Casas). No Sistema de Casas Iguais, o mapa natal é dividido em doze casas de tamanho igual e cada uma contém os 30° de um único signo zodiacal. Multiplique 30° pelas doze casas e você obtém os 360° completos de um círculo. O signo dentro da casa fornece informações sobre a natureza e o estilo dos aspectos da vida e da personalidade representados por aquela casa. Por exemplo, a Casa 6 de Le Guin é ocupada por Libra, então seu trabalho diário, rituais, hábitos e saúde pessoal assumiriam as qualidades librianas. Juntas, as casas fornecem uma imagem de sua natureza completa e como você se relaciona com todos os aspectos da vida.

Embora todas as casas, seus signos e os planetas dentro delas forneçam informações sobre você e sua vida, neste livro nos concentraremos em algumas casas que fornecem informações particularmente úteis sobre o seu propósito de vida. Vamos decodificar o significado da casa onde está o Sol (Capítulo 2), da casa do regente do Ascendente (Capítulo 4) e da casa da Lua (Capítulo 6). Também consideraremos as Casas de Substância (casas 2, 6 e 10, na Parte IV).

SIGNIFICADO DAS CASAS

Casa	Significado
1	Eu e identidade
2	Finanças, ativos e as habilidades com as quais você ganha dinheiro
3	Comunicação, irmãos, vizinhança local
4	Lar, família, lar de infância e família de origem, antepassados e linhagem
5	Criatividade, projetos criativos e filhos
6	Trabalho diário, rotinas, hábitos e saúde pessoal
7	Parceria séria (romântica, empresarial, amizade íntima)
8	Bens e recursos compartilhados, encerramentos e transformações, luto e saúde mental
9	Aprendizado, ensino, publicação; crenças espirituais e filosóficas, viagens de longa distância
10	Carreira e vida pública
11	Comunidades, grupos de amigos, patronos e clientes
12	Material psicológico inconsciente, conexão com o inconsciente coletivo e sabedoria divina, segredos e coisas ocultas

Signos do zodíaco

Muitas vezes pensamos em nosso signo apenas como o signo solar (em que o Sol estava quando você nasceu), mas todos os mapas contêm todos os doze signos do zodíaco. Todos nós temos todos os signos. A casa que um signo ocupa nos informa sobre a natureza dos temas da vida que correspondem a ela. Considerando, novamente, o mapa de Ursula K. Le Guin, sabendo que Gêmeos está em sua Casa 2, temos informações sobre como ela lida com seu dinheiro e as habilidades que utiliza para ganhá-lo.

Os signos também influenciam a expressão dos planetas, luminares e pontos. Por exemplo, pense no seu signo solar. O Sol, na astrologia, representa nosso eu essencial, o que nos energiza e como brilhamos no mundo. Você acha que as características do seu signo solar descrevem o seu eu essencial (veja o Capítulo 1)? Vamos nos aprofundar em como vários signos do zodíaco aparecem em seu mapa ao longo do livro. Por enquanto, é importante observar que todo signo tem três qualidades principais:

+ ELEMENTO (Terra, Ar, Água, Fogo)
+ MODALIDADE (Cardinal, Fixo, Mutável)
+ PLANETA(S) REGENTE(S)

O significado do elemento, modalidade e planeta regente de um signo será desvendado ao longo do livro.

Observe que alguns signos têm dois planetas regentes: um tradicional e um moderno. Durante a maior parte da longa história da astrologia, os astrólogos trabalharam apenas com os planetas visíveis (Mercúrio, Vênus, Marte, Júpiter e Saturno). À medida que Urano, Netuno e Plutão foram descobertos, os astrólogos os designaram como regentes modernos dos signos de Aquário, Peixes e Escorpião, respectivamente. Ambos os regentes têm seu lugar na interpretação do mapa natal. Quando for importante considerar uma regra em vez de outra (especificamente no Capítulo 4, Regente do Ascendente), vamos nos aprofundar no raciocínio por trás dessa escolha.

SIGNO	GLIFO	MODALIDADE	ELEMENTO	REGENTE(S)
Áries	♈	Cardinal	Fogo	Marte
Touro	♉	Fixo	Terra	Vênus
Gêmeos	♊	Mutável	Ar	Mercúrio
Câncer	♋	Cardinal	Água	Lua
Leão	♌	Fixo	Fogo	Sol
Virgem	♍	Mutável	Terra	Mercúrio
Libra	♎	Cardinal	Ar	Vênus
Escorpião	♏	Fixo	Água	Marte e Plutão
Sagitário	♐	Mutável	Fogo	Júpiter
Capricórnio	♑	Cardinal	Terra	Saturno
Aquário	♒	Fixo	Ar	Saturno e Urano
Peixes	♓	Mutável	Água	Júpiter e Netuno

Luminares, planetas e pontos

Os últimos componentes do mapa natal que consideraremos são:

Luminares
☉ Sol
☾ Lua

Planetas
☿ Mercúrio
♀ Vênus
♂ Marte
♃ Júpiter
♄ Saturno
♅ Urano
♆ Netuno
♇ Plutão

Pontos Essenciais
ASC Ascendente
MC Meio do Céu

Cada luminar, planeta e ponto reflete diferentes aspectos de sua personalidade. Por exemplo, o Sol representa seu eu essencial e a Lua, sua emoção e necessidades emocionais. O signo e a casa onde estão nos informam sua natureza. O Meio do Céu, ou *Medium Coeli* (MC), é um ponto calculado que representa o ponto mais alto que o Sol alcançou ao longo da eclíptica no dia do seu nascimento. Ele nos fornece informações sobre sua vida pública, carreira e reputação.

Neste livro, vamos nos concentrar nos significados do Sol (Parte I), Ascendente e seu regente (Parte II), Lua (Parte III) e Meio do Céu (Parte IV), porque esses componentes fornecem as informações mais essenciais para decodificar o propósito da sua vida.

UMA OBSERVAÇÃO SOBRE ESCOPO

A astrologia é uma disciplina complexa e muito vasta para ser discutida em qualquer livro. Este livro omite algumas considerações astrológicas importantes, como aspectos e condições planetárias. Os componentes de seu mapa natal discutidos aqui lhe darão muitas informações sobre sua natureza, propósito de vida e o trabalho que você está designado a fazer no mundo. O objetivo deste livro é ajudá-lo a entender sua natureza para que possa trabalhar com suas qualidades e tendências inatas a fim de se sentir mais em fluxo, mais realizado e viver com mais intencionalidade. Pesquisas adicionais e a consulta de um astrólogo podem ajudá-lo a aprofundar as nuances do seu mapa.

Como criar seu mapa

Para usar este livro, você precisará de um desenho do seu mapa natal. Existem muitos sites que permitem que você faça seu mapa gratuitamente. Recomendo o Cafe Astrology[1], que é um ótimo recurso para informações astrológicas gratuitas. Você pode fazer seu mapa natal desenhado de acordo com o Sistema de Casas Iguais aqui:
https://astro.cafeastrology.com/natal.php
Astro.com é outro ótimo recurso gratuito para obter seu mapa natal.

---

[1] Os sites recomendados pela autora estão em inglês. No Brasil, são utilizadas com frequência duas opções de sites (disponíveis em português) para a criação de mapa astral: Personare e Astrolink. (N. E.)

Tudo o que você precisa para calcular seu mapa natal é a data, hora e local de seu nascimento. Lembre-se de ter a hora de nascimento mais precisa possível, pois se trata de uma informação crucial.

Decodificando suas estrelas

Depois de ter seu mapa natal em mãos, preencha a ficha **Meu código astrológico**. Você pode consultar o livro lendo a introdução para cada um de seus posicionamentos em ordem ou focando nas partes que mais chamarem sua atenção. No final de cada parte, há a seção chamada **Decifrando o código**, que o orientará sobre como colocar em prática o que você aprendeu nos capítulos anteriores. Depois de ler as partes I a IV, confira a seção final, **Calibração**, para entender de que maneira pode reunir tudo o que aprendeu em uma história coesa sobre você e o seu propósito de vida.

....

MEU CÓDIGO ASTROLÓGICO

Meu signo solar é ....

Meu Sol está na Casa ....

Meu signo lunar é ....

Minha Lua está na Casa ....

Meu signo Ascendente é ....

O regente do meu Ascendente é ....

O regente do meu Ascendente está na Casa ....

Meu signo na Casa 2 é ....

Meu signo da Casa 6 é ....

Meu signo da Casa 10 é ....

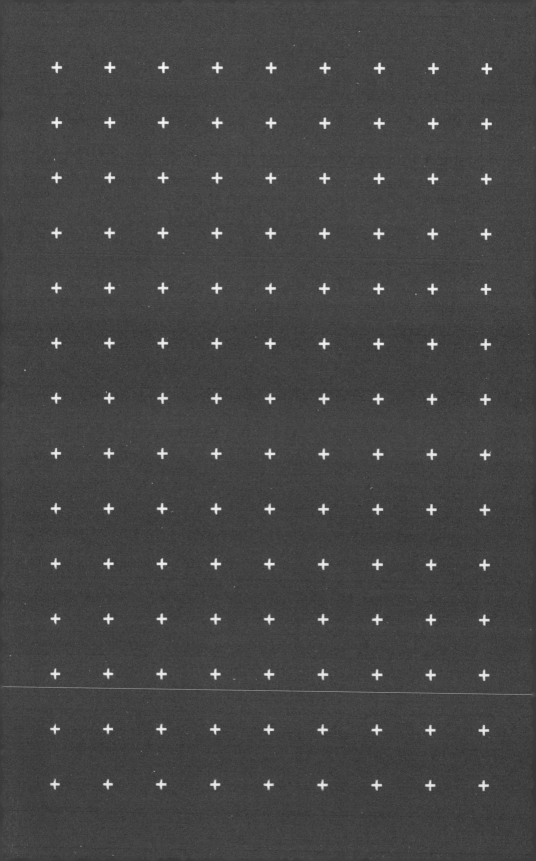

I
Sua essência

O Sol é o centro do nosso sistema solar. Tudo gira em torno dele, puxado por sua inegável força gravitacional. É o que usamos para medir nossas vidas em dias e noites — e em anos, conforme a Terra faz sua caminhada anual ao seu redor. A energia do Sol nos aquece, faz as plantas crescerem e permite que a vida floresça. Da mesma forma, o Sol em seu mapa natal é sua vitalidade, seu motor, seu centro e sua própria essência.

Existem duas considerações principais ao interpretar o posicionamento do seu Sol: **signo** e **casa**. O signo em que o Sol estava quando você nasceu descreve sua natureza, a qual você é compelido a expressar no mundo. É a sua *vibe* e o seu jeito essencial de ser. A casa em que está o Sol descreve onde na vida você brilha e se sente mais energizado. Dá uma visão sobre quais atividades são mais importantes para você, vêm mais naturalmente e o fazem se sentir mais no fluxo.

O propósito da sua vida é incorporar a expressão mais completa e autêntica do seu verdadeiro eu — conforme descrito por todo o seu mapa natal —, portanto, entender sua natureza essencial por meio da interpretação da posição do Sol em seu mapa é a base para decodificar seu propósito.

1
O signo solar
Sua natureza essencial

SE VOCÊ SABE alguma coisa do seu mapa natal, provavelmente é o seu signo solar. O Sol passa cerca de trinta dias em cada signo e, desde o advento dos horóscopos populares com base no signo solar em jornais e revistas no início do século XX, tornou-se quase onipresente o fato de uma pessoa saber em que signo o Sol estava quando nasceu. Os signos solares são frequentemente reduzidos a listas simplistas de traços de personalidade — Áries está sempre zangado, Libra, flertando, Peixes, chorando, Touro, cochilando. Esse tipo de descrição gera ótimos memes, mas, geralmente, as pessoas se sentem presas a características redutivas que não as descrevem e muitas vezes as jogam sob um viés negativo. Precisamos de uma compreensão mais sutil do signo solar para decodificar o que ele pode nos dizer sobre o propósito de nossa vida.

O signo em que seu Sol natal está descreve sua natureza essencial, a maneira como você deseja brilhar no mundo e quais atividades o energizam. Antes de aprender mais especificamente sobre seu signo solar, é importante considerar como os signos são agrupados por duas propriedades principais: elemento e modalidade.

O elemento do seu signo solar descreve se sua natureza está focada em:

▽ **Terra** esforços práticos e materiais
△ **Ar** comunicação e atividades intelectuais
▽ **Água** inteligência emocional, intuição e relacionamentos
△ **Fogo** ação e paixão

A modalidade do seu signo solar fala sobre sua tendência a:

⋀ **Cardinal** iniciar ações e liderar
⊟ **Fixo** estabilizar situações e persistir
⌒ **Mutável** servir como um agente de mudança

Compreender o elemento e a modalidade do seu signo ajuda você a perceber os dons únicos e os desafios potenciais que traz para o mundo, em todos os aspectos de sua vida e trabalho. Você é alguém talentoso para iniciar a ação (signo Cardinal) ou acha que é preciso muita energia para começar (Fixo)? Por outro lado, você tem dificuldade em concluir tarefas (signos de Ar e Fogo) ou geralmente tem a capacidade de ver as coisas depois de começar (Terra)? Ao ler a descrição do seu signo solar, considere como o elemento e a modalidade influenciam a expressão do seu signo.

Ao pensar em seu signo solar e no propósito de sua vida, considere quando e como você conseguiu expressar sua natureza essencial. Quais relacionamentos, atividades e empregos permitem que você expresse a natureza do seu signo solar e quais o sufocam? Tente se lembrar de algumas ocasiões em sua vida pessoal e profissional em que você incorporou plenamente sua natureza. Você se sentiu energizado? Você se sentiu em fluxo? Você tem muitas qualidades excelentes e interessantes, mas seu signo solar o ajuda a entender o que é essencial para você, o que não pode e não deve ser negado. Ao avaliar se uma oportunidade pessoal ou profissional se alinha com o propósito de sua vida, considere se ela explora a vitalidade da essência do seu signo solar e sua maneira preferida de brilhar no mundo. Tentar fazer mais do que o ilumina e menos do que o prejudica ajudará a guiar sua vida para o fluxo.

Dependendo do equilíbrio do seu mapa (por exemplo, seu Sol em um signo de Água, mas a maioria dos outros planetas e pontos em signos de Fogo e Ar) ou dos tipos de normas sociais às quais deve se conformar, você pode sentir que as qualidades do seu signo solar não são dominantes. Consulte a seção final, **Calibração**, para obter mais informações sobre como equilibrar os vários elementos do seu mapa. Refletir sobre como as qualidades do seu signo solar aparecem em sua vida pode revelar habilidades, preferências e impulsos latentes que foram deixados de lado por outras qualidades que você foi solicitado ou encorajado a priorizar. Como recuperar esses aspectos de si mesmo?

Lembre-se de que esse é apenas o primeiro passo para decodificar seu mapa natal; portanto, se sentir que apenas uma parte da descrição do seu signo solar se aplica a você, isso é bom. Há muito mais para você do que esse aspecto!

....

SEU SIGNO SOLAR

Preencha os espaços em branco com
informações de seu próprio mapa natal.

Seu signo solar: ....
O elemento do signo solar: ....
A modalidade do signo solar: ....

Sol
em Áries

Modalidade △ **Cardinal** | Elemento △ **Fogo** | Planeta regente ♂ **Marte**

Corajoso, apaixonado e agressivo, ÁRIES é um signo de impulso e ação. Seus símbolos são a espada, a lança e o escudo. Áries pode ser cortante, expondo o cerne da questão. Áries rasga, separando o que vale a pena e descartando o que deve ir. Áries destrói, derrubando sistemas antiquados e injustos. Áries protege, cuidando dos necessitados e defendendo aqueles que precisam que sua causa seja defendida. Uma percepção comum desse signo é a de expressão negativa: cabeça quente, impetuoso, egocêntrico, cortante. Em sua expressão madura e positiva, Áries canaliza sua extraordinária energia, determinação e coragem a serviço de um objetivo ou ideal significativo.

Com o seu Sol em Áries, você pode se identificar com o arquétipo do guerreiro, encontrando satisfação ao lutar por um ideal e atraído pelo papel de advogado. Às vezes, essa necessidade inata de defender uma causa pode ser satisfeita no local de trabalho com cargos de advogado, defensor da justiça social, agente de talentos ou membro do serviço militar. A principal função no emprego não precisa ser de defesa para ser satisfatória, desde que o seu Sol em Áries tenha uma saída para seu fervor justo, como defender a viabilidade de um novo projeto para um conselho ou argumentar por melhores condições de trabalho. Essa qualidade guerreira também pode encontrar expressão na vida pessoal de um Sol em Áries, lutando por recursos educacionais para seus filhos ou proporcionando aos amigos conversas estimulantes e agressivas. A paixão, energia, coragem e tenacidade de um Sol de Áries precisam encontrar expressão para que você se sinta realizado.

Áries também é um signo de independência e individualidade. Por outro lado, como o astrólogo Christopher Renstrom aponta em seu livro *The Cosmic Calendar*, Áries pode se contentar em servir um general digno para algum fim nobre. Essa, entretanto, não é a situação mais fácil de se estar. Você pode encontrar satisfação apenas em cargos de liderança, empreendedorismo ou situações de trabalho com burocracia e restrições. Sobretudo, você fica feliz quando consegue simplesmente ir direto ao assunto, e qualquer coisa que limite a sua liberdade de agir será frustrante.

Considere a casa em que seu Sol está para ver onde na vida você expressa sua energia de Áries a fim de iniciar a ação ou ser um guerreiro.

Você se sente mais apaixonado e no fluxo quando...	*Você se sente mais esgotado ou insatisfeito quando...*
mergulha em um novo projeto.	tem que trabalhar nos detalhes mais sutis de um projeto ou acompanhá-lo até o fim.
se envolve em atividades que o permitem gastar sua energia ardente e sua paixão.	seu progresso é bloqueado por forças externas, como um chefe ou burocracia.
tem uma causa para defender.	não tem uma causa digna pela qual lutar.

Sol
em Touro

Modalidade ⊟ **Fixo** | Elemento ▽ **Terra** | Planeta regente ♀ **Vênus**

TOURO é simbolizado pelo animal, e talvez seja mais conhecido por sua lendária teimosia. Esta, porém, é apenas uma manifestação das principais qualidades desse signo Fixo de Terra. Como signo Fixo, Touro se estabiliza, é a inércia personificada. Uma vez estabelecido um curso de ação ou uma crença, pode ser necessário um esforço hercúleo para mudar o seu rumo. Isso se manifesta positivamente em uma resistência extraordinária para construir coisas que levam tempo. Pode demorar um pouco para começar, mas, uma vez em movimento, o taurino avançará com uma consistência incessante. Na expressão negativa, um taurino pode tender a permanecer comprometido com projetos que devem ser abandonados.

Por ser signo de Terra, o propósito de vida de Touro está relacionado com o mundo material e físico. Como um agricultor, Touro lavra e prepara o solo, semeia e cuida da colheita, sabendo que grande tempo e esforço devem ser despendidos para colher os frutos. Por isso, às vezes pode parecer preguiçoso ou inativo aos outros (de olho em vocês, signos de Fogo). Touro não será apressado. Há momentos em que os campos devem ser deixados em pausa para descansar. Em outros, a maior parte do crescimento ocorre no subsolo. Touro não precisa exibir seu processo para ser aplaudido. O taurino se conhece bem e apenas segue em frente.

Como é regido por Vênus, o propósito de Touro está profundamente entrelaçado com o prazer e a beleza. Os taurinos apreciam abertamente os prazeres dos cinco sentidos — boa comida e bebida, boa música, companhia envolvente, tecidos luxuosos, aromas inebriantes. Quando outros signos podem estar presos em suas cabeças (signos de Ar), focados na atividade (signos de Fogo) ou envolvidos em conexões emocionais (signos de Água), Touro nos lembra de valorizar nossa existência física como humanos. O propósito de Touro combina o prazer venusiano com o materialismo do signo de Terra. Isso pode surgir literalmente, trabalhando como jardineiro, florista, artista visual, artesão. Os aspectos de Vênus do eu essencial do taurino são expressos em tudo o que fazem, não apenas em sua profissão.

Considere a casa em que seu Sol está para ver onde na vida você expressa sua energia de Touro a fim de construir, estabilizar, embelezar e/ou priorizar o prazer.

Você se sente mais apaixonado e no fluxo quando...

conclui a próxima etapa de um projeto de longo prazo.

se entrega aos seus prazeres favoritos.

mitiga riscos e cria segurança.

Você se sente mais esgotado ou insatisfeito quando...

lida com decisões tomadas por um grupo. Você já tomou a decisão, então por que avaliar e reavaliar constantemente?

é pressionado por cronogramas arbitrários. Você pode muito bem se comprometer com prazos significativos, mas hesitará em ser apressado.

lida com incertezas ou riscos constantes.

Sol
em Gêmeos

Modalidade ⌒ **Mutável** | Elemento △ **Ar** | Planeta regente ☿ **Mercúrio**

O símbolo desse signo são os gêmeos, ilustrando a sua dualidade e a capacidade única de manter duas ideias divergentes ao mesmo tempo, sem julgamento. GÊMEOS não se limita a um ou outro, domina ambos. O maior dom desse signo regido por Mercúrio é a curiosidade insaciável, amplo conhecimento e capacidade de manter e sintetizar uma multiplicidade de ideias. A vida de um Sol em Gêmeos deve honrar sua mente curiosa. As estradas sinuosas e atalhos os desanimam.

Conversei com muitos geminianos que se repreendem por terem muitos interesses e consideram que, em vez disso, deveriam se concentrar em apenas uma paixão. No entanto, essa não é uma expressão autêntica do Sol em Gêmeos, e sim a doutrinação de uma cultura que valoriza a especialização em vez da generalização. Em seu livro *Creativity: The Psychology of Discovery and Invention*, Mihaly Csikszentmihalyi lamenta que a tendência de nossa sociedade de favorecer a especialização impeça a inovação, porque a criatividade que dá a maior contribuição geralmente envolve a síntese de múltiplos domínios de conhecimento.

Para expressar plenamente o seu eu autêntico e se alinhar com o propósito de sua vida, Gêmeos deve aprender a ver sua sede voraz de conhecimento e novidade como um superpoder, não um impedimento. Você é a lente única pela qual essa diversidade de ideias é processada. O que pode imaginar é exclusivo para si e é o presente que você dá ao mundo.

A menos que você tenha planetas localizados em signos de Terra, o desafio para o Sol de Gêmeos pode ser seguido. Uma verdadeira expressão do Sol em Gêmeos é aprender por aprender, passando de uma obsessão para outra. Buscar carreiras que permitam que você siga sua curiosidade será mais favorável e gratificante. Trabalhos que fornecem algumas estruturas externas para organizar seu pensamento ou se comprometer com prazos podem ser imensamente úteis. Essa estrutura pode parecer sufocar sua criatividade, mas é essencial encontrar o equilíbrio certo entre a liberdade de explorar e a responsabilidade necessária para concretizar o projeto. Estudos interdisciplinares, fusão de diferentes meios e modalidades artísticas, desenvolver uma carreira de diferentes atividades, escrever livros sobre tópicos interdisciplinares, unir duas carreiras aparentemente divergentes e ver como elas podem ser combinadas para criar algo é o parque de diversões dos geminianos.

Considere a casa em que seu Sol está para ver onde você concentra sua curiosidade na vida.

Você se sente mais apaixonado e no fluxo quando...

pesquisa seu novo tópico favorito ou aprende uma nova habilidade.

discute com outras pessoas para gerar novas ideias ou soluções.

mistura diversas ideias para criar conhecimentos.

Você se sente mais esgotado ou insatisfeito quando...

repete os mesmos tipos de tarefas ou projetos, sem fim ou mudança à vista.

está confinado a uma estrutura ou cronograma rígido.

trabalha isoladamente sem oportunidade de trocar e desenvolver ideias com outras pessoas.

Sol
em Câncer

♋

Modalidade △ **Cardinal** | Elemento ▽ **Água** | Planeta regente ☽ **Lua**

CÂNCER, como signo de Água Cardinal, é levado a iniciar e cultivar relacionamentos e grupos sociais. Sejam seus amigos, familiares ou colegas de trabalho, você procura criar uma comunidade de pessoas. Elas provavelmente sentem sua natureza convidativa, mesmo que você se veja com um exterior espinhoso ou duro. As pessoas o procuram e contam seus segredos; talvez você as faça se sentir íntimas, como se estivessem em casa.

Os cancerianos se sentem mais realizados e em fluxo quando são capazes de usar seus dons para paixão e cuidado. Você ouve verdadeiramente os outros e entende suas necessidades, em especial aquelas que eles relutam para expressar. Os cancerianos podem encontrar satisfação em profissões de auxílio e cura, certamente, mas qualquer trabalho com pessoas — individualmente com clientes ou em grupos — nos quais pode sentir e cultivar um sentimento de pertencimento será muito gratificante. Ambientes cruéis e onde não se busca um senso de pertencimento com seus funcionários são maldições para você. Os cancerianos sabem da importância de uma comunidade e estão determinados a criá-la.

Os cancerianos costumam ter má reputação por serem emocionais e mutáveis — afinal, são regidos pela constante mudança da Lua. Mas, mesmo que o caranguejo tenha um centro mole e uma profunda capacidade de emoção, cancerianos também têm uma casca dura, que pode se manifestar como tenacidade, resiliência e fortaleza impressionantes. Você é forte, mas não frio e inabalável. Tem força para enfrentar a adversidade e ajudar os outros a fazer o mesmo.

Ao pensar sobre o propósito de sua vida, considere o que os conceitos de lar e família significam para você. Como cultiva uma família no trabalho, com parentes e com amigos? Esses relacionamentos são satisfatórios? Especificamente no trabalho, quando você se sentiu mais apoiado, valorizado e em fluxo? Qual a importância dos relacionamentos profissionais para o seu senso de satisfação no local de trabalho? As pessoas com Sol em Câncer precisam criar esse senso de camaradagem familiar e dever no emprego para se sentirem energizadas, como se o trabalho fosse significativo. Seja administrando uma pequena empresa onde seus funcionários são tratados como família ou fazendo parte de um departamento coeso em uma grande corporação, é a qualidade dos relacionamentos que mais impactará seu sentimento de satisfação.

Considere a casa em que seu Sol está para determinar as áreas da vida em que você é chamado a construir um senso de lar e servir como conector ou zelador.

Você se sente mais apaixonado e no fluxo quando...

lidera ou cultiva uma equipe de trabalho, família ou comunidade saudável e solidária.

pode utilizar sua inteligência nos relacionamentos e intuição sobre como as outras pessoas trabalham e do que elas precisam.

faz conexões significativas com outras pessoas, sejam elas amigos, familiares, colegas de trabalho ou clientes.

Você se sente mais esgotado ou insatisfeito quando...

as pessoas com quem você colabora não são tão comprometidas com a equipe e o trabalho quanto você.

os outros não apreciam sua intuição e inteligência emocional.

seu trabalho é meramente um negócio e não envolve interações humanas significativas.

Sol
em Leão

Modalidade ⊟ **Fixo** | Elemento △ **Fogo** | Planeta regente ☉ **Sol**

O signo de LEÃO é regido pelo Sol e, como ele, seu propósito é brilhar. A energia solar é uma contribuição vital para o ecossistema; permite o crescimento, o calor e a iluminação. Da mesma forma, quando um Leão brilha sua luz, contribui para o coletivo. Boa parte do propósito de um Sol em Leão é se expressar com autenticidade, seja lá o que isso signifique para eles, e ser reconhecido e apreciado por seu desempenho. Determinar quem você é constitui o trabalho de uma vida inteira, conforme analisa o que realmente faz parte de si e o que foi imposto a você. Mas compartilhar a verdade confusa dessa autoexploração também é autêntico e valioso.

Leoninos são frequentemente descritos como alguém que deseja estar no palco, mas isso significa que gostam de ser testemunhados, reconhecidos e admirados por seus talentos e desempenho – por todo o seu ser. Esse impulso essencial é classificado negativamente como egocêntrico, mas todos nós merecemos ser vistos, amados, compreendidos e aplaudidos. Todos nós temos um Sol em nossos mapas que quer brilhar. Ao ocupar espaço com ousadia e reconhecer que eles têm algo valioso para compartilhar, leoninos ensinam ao resto do zodíaco que também são dignos de aprovação e reconhecimento.

As pessoas com Sol em Leão, em seu desejo de brilhar sua excelência, também podem servir como exemplo de habilidade. Em 2019, Nirmal Purja, leonino, junto de sua equipe de montanhistas nepaleses, escalou todos os catorze picos de oito mil metros do mundo (incluindo

Everest e K2) em apenas sete meses, quebrando vários recordes de montanhismo. No documentário *14 montanhas, 8 mil metros e 7 meses*, que registrou a jornada, Purja afirma que uma de suas principais motivações é mostrar do que as pessoas são capazes. Ele queria inspirar a humanidade. Em sua expressão mais elevada, o superpoder de Leão é a capacidade de causar admiração e inspirar.

Seja à frente de uma sala de aula, em reuniões, diante de uma plateia de estúdio ao vivo, diante de um microfone de podcast ou em um grupo comunitário, Leão está pronto e disposto a ser o centro das atenções. A dar um passo à frente, ocupar espaço e compartilhar sua paixão. Quais palcos chamam sua atenção? Em que áreas de sua vida você se sentiu mais visto, valorizado e admirado? Quais performances são importantes para você? Que paixão quer compartilhar com os outros? Que generosidade? Como quer inspirar outras pessoas?

Considere a casa em que seu Sol está para ter uma noção melhor de onde você deseja brilhar na vida e buscar reconhecimento e admiração.

Você se sente mais apaixonado e no fluxo quando...

pode expressar seus talentos na frente de outras pessoas que admiram e reconhecem suas habilidades e dons.

está cercado de pessoas, ocupando o centro do palco ou chamando a atenção de outra forma no fórum que melhor se adapta aos seus dons.

expressa sua natureza calorosa e generosa com autenticidade.

Você se sente mais esgotado ou insatisfeito quando...

fica escondido no cubículo de um escritório.

segue ordens, conclui tarefas rotineiras ou trabalha com uma equipe grande sem a oportunidade de exibir sua individualidade ou perspicácia única.

sente que precisa esconder ou sufocar seu verdadeiro eu para aplacar os outros ou se encaixar.

Sol
em Virgem

Modalidade ☌ **Mutável** | Elemento ▽ **Terra** | Planeta regente ☿ **Mercúrio**

VIRGEM é um signo de Terra regido por Mercúrio, o planeta da acuidade mental, comunicação e velocidade. A mente rápida de um virginiano trabalha constantemente, resolvendo problemas e buscando a perfeição. É importante para os virginianos ter problemas significativos para resolver, processos para melhorar ou produtos para refinar, caso contrário, sua mente ocupada pode se voltar para a autocrítica, ansiedade ou crítica excessiva (e indesejável) aos outros.

Como signo de Terra, Virgem está interessado em soluções práticas e mensuráveis e em critérios de sucesso claramente definidos. O virginiano não está interessado em admirar um problema ou filosofar. Há trabalho a ser feito, e ele criará uma planilha e um checklist para garantir que tudo seja concluído corretamente e no prazo. Objetivos finais amorfos são particularmente frustrantes para os virginianos. Como podemos construir um plano se não sabemos para onde estamos indo ou como será o sucesso? Profissões em que o papel no trabalho é claramente definido, as metas são mensuráveis e específicas e a responsabilidade é incorporada podem ser reconfortantes e gratificantes para os virginianos (a menos que tenham vários planetas em signos mais livres, como Peixes, Sagitário e Gêmeos).

Embora os signos de Terra possam muitas vezes ser difíceis de lidar, Virgem é um signo Mutável e, como tal, está interessado em mudanças, especificamente aquelas que melhorem ou aperfeiçoem. É difícil para um virginiano ficar satisfeito porque sua mente aguçada sempre vê espaço para melhorias. Essa é a característica definidora de um virginiano: discernimento. Uma pessoa de Virgem é capaz de ver a totalidade de uma situação e discernir o que precisa ser cortado ou melhorado.

Outro atributo fundamental de Virgem é o serviço aos outros, especialmente na profissão médica ou em outras modalidades de cura. A praticidade e a mente analítica de Virgem parecem mais úteis quando aplicadas trabalhando para outros. O virginiano quer estar ocupado, mas abomina o trabalhar demais. O trabalho com um propósito é mais gratificante, e a função significativa para um virginiano é a que melhora claramente a vida dos outros.

Ao pensar no propósito de sua vida, quando você se sentiu mais energizado ao empregar seus dons virginianos? Que projetos tiveram seu discernimento e habilidades organizacionais? Quais atividades mantêm sua mente ocupada e entretida? Ajudar os outros tem sido uma força motriz essencial em sua vida? De que maneira você gostaria de empregar seus talentos a serviço dos outros?

Considere a casa em que seu Sol está para entender em quais áreas da vida você é mais chamado para ativar seu minucioso olhar virginiano a fim de resolver problemas e aperfeiçoar.

Você se sente mais apaixonado e no fluxo quando...

organiza e executa um plano para resolver um problema.

preocupa-se com as sutilezas analisando os detalhes, observando as minúcias.

todos finalmente entendem que você está certo.

Você se sente mais esgotado ou insatisfeito quando...

é advertido para deixar as coisas passarem em vez de ter autoridade e tempo para questionar, verificar novamente e aperfeiçoar.

não tem um problema significativo para resolver.

os critérios de sucesso não estão claramente definidos.

Sol
em Libra

Modalidade ⟁ **Cardinal** | Elemento ⟁ **Ar** | Planeta regente ♀ **Vênus**

LIBRA é regido por Vênus, deusa da beleza, dos relacionamentos, da conexão, da arte e do prazer. Sua energia essencial é a harmonia — união de elementos díspares em um equilíbrio agradável. Esse impulso para criar equilíbrio pode ser realizado por meio de vários interesses. Um libriano artista, designer de interiores ou curador de galeria é movido pelo prazer e poder da beleza estética. Libra pode assumir papéis como advogado, mediador ou assistente social para alcançar a justiça, que idealisticamente promovem ordem, equilíbrio e equidade. Embora qualquer signo possa escolher essas profissões, Libra se realiza ao criar harmonia a partir da discórdia.

O desejo de equilíbrio e harmonia pode significar que um libriano tem pouca resistência quando se trata de conflito. Embora seja adepto à compreensão de vários lados de uma discussão e da negociação de compromissos, um libriano desenvolve essa habilidade em parte porque abomina a desarmonia e a considera desgastante. Os librianos que escolhem carreiras que os posicionam como pacificadores (diplomacia, direito, aconselhamento) precisam contrabalançá-la com a vida doméstica, relacionamentos e hobbies que lhes proporcionam a pausa pacífica de que precisam para evitar o esgotamento.

Libra também é o signo alinhado com parceria e casamento. Embora os librianos sejam frequentemente associados ao arquétipo da socialite, é nos relacionamentos pessoais que têm poder único. São talentosos companheiros de pensamento, confidentes, treinadores e incentivadores. Também se beneficiam muito ao ter parceiros para trocar ideias e trabalhar para um objetivo comum. Não gostam de trabalhar isoladamente. Algo mágico acontece quando trabalham com os outros, coisas que eles não alcançam sozinhos. Reflita sobre como você se sentiu e o que realizou ao trabalhar com um parceiro. Foi gratificante? Foram momentos de engenhosidade e realização? Isso não quer dizer que librianos não funcionem bem em grandes equipes — geralmente se dão bem com todos, mas você pode descobrir que suas colaborações mais produtivas são com um único companheiro ou um pequeno grupo.

Ao considerar o propósito de sua vida, de que forma você busca o equilíbrio entre vida pessoal e trabalho? Quais características você tem para cultivar a harmonia e quais são mais significativas e agradáveis para você? A beleza estética é uma prioridade? Que talentos você tem para criar e compartilhar beleza? A justiça e a paz são seu domínio preferido de equilíbrio? Em caso afirmativo, você procura facilitar a justiça de qual forma? Você provavelmente se envolverá com todas as formas de equilíbrio — harmonia interpessoal, justiça e beleza estética — embora possa encontrar mais fluxo ao dedicar a maior parte do seu tempo e energia a apenas um deles.

Considere a casa em que seu Sol está para ver onde na vida você deseja trazer equilíbrio e harmonia, especialmente em parceria com outras pessoas.

Você se sente mais apaixonado e em fluxo quando...

colabora em parceria com outros.

cria beleza, harmonia e paz da maneira que for mais significativa para você.

medeia as pessoas para uma resolução justa.

Você se sente mais esgotado ou insatisfeito quando...

está atolado em conflitos não resolvidos.

trabalha isoladamente.

está sujeito a incivilidade ou grosseria.

Sol
em Escorpião

Modalidade ⊟ **Fixo** | Elemento ▽ **Água**
Planetas regentes ♂/♇ **Marte e Plutão**

O que é a verdade? O que realmente importa? Onde estão os corpos enterrados? Essas são as perguntas que movem o signo de ESCORPIÃO. Regido por Marte, Escorpião aponta sua incisiva lança de investigação para o alvo e busca sangue. Não tem tempo para superficialidade quando a beleza crua e o horror da realidade o empurram para todos os lados.

O presente de Escorpião para o coletivo é que expõe a realidade — o que é desconfortável para a maior parte das pessoas. Chocar é uma habilidade especial — e um prazer — para esse signo Fixo de Água, e a humanidade precisa desesperadamente disso. Em um mundo de violência, crueldade, dor, vício, perda, mágoa e sofrimento, a maioria das pessoas prefere buscar distração, mas escorpianos têm o poder de nos forçar a ver o lado sombrio que fingimos não existir. Aquilo que é ignorado, tabu ou empurrado para a periferia é da alçada de Escorpião.

No entanto, nem tudo é choque e admiração. Assim como seu regente moderno Plutão, deus do submundo, o grande poder de Escorpião é a compreensão dos benefícios da morte, da transformação e do renascimento. Ao reconhecer a terrível verdade, nos tornamos capazes de abordá-la e transmutá-la. O astrólogo Chani Nicholas descreve o poder transformador de Escorpião como a capacidade de coletar os detritos de nossas vidas, transformar em adubo e criar solo fértil a partir do qual uma nova vida pode crescer. Seja por meio da arte, psicologia, espiritualidade ou fusões e aquisições, Escorpião está em alinhamento como um ajudante da morte, guiando o processo de términos, transformações e novos começos.

Embora a superficialidade seja tediosa para Escorpião, trata-se de um signo que se destaca em segredos e subterfúgios, se assim o desejar. Embora as manobras burocráticas pareçam antagônicas ao desejo de autenticidade e honestidade brutal dos escorpianos, eles podem ter sede de poder, como Plutão, e gostar do jogo corporativo para subir na vida.

A cruzada de Escorpião pela verdade geralmente é focada externamente, pois reserva a intimidade pessoal e a autorrevelação apenas para alguns poucos confiáveis. Só aqueles raros indivíduos que são admitidos no santuário da confiança de Escorpião é que experimentam toda a profundidade e intensidade do seu alcance emocional.

De que maneira você se envolve com verdades difíceis e tabus? Como implica outras pessoas em conversas e revelações significativas e difíceis? Como facilita a transformação? Que verdades você descobre?

Considere a casa em que seu Sol está para ver onde na vida você deseja facilitar a transformação, buscar poder ou escavar a verdade.

Você se sente mais apaixonado e no fluxo quando...

se engaja em questões importantes, especialmente tópicos que a sociedade evita e considera tabu.

inicia e facilita a transformação para si ou para os outros.

você tem o poder de influenciar os outros e realizar mudanças.

Você se sente mais esgotado ou insatisfeito quando...

vive as banalidades sociais ou outras atividades superficiais.

seu trabalho criativo ou profissional parece superficial e frívolo.

está sujeito a um desequilíbrio de poder no trabalho, em que tem pouco controle sobre como seu trabalho é concluído.

Sol
em Sagitário

Modalidade ⌒ **Mutável** | Elemento △ **Fogo** | Planeta regente ♃ **Júpiter**

SAGITARIANOS talvez sejam mais conhecidos por seu espírito aventureiro. Sendo um signo de Fogo, são levados a agir e possuem imensas reservas de energia. Sagitário é um signo Mutável, por isso se deleita com uma diversidade de experiências e pode rapidamente ficar entediado. Sua energia definidora é buscar novas ideias, novas pessoas e novos locais, que estão sempre chamando o seu espírito errante. Mas o que buscam em cada nova aventura? Os sagitarianos anseiam por compreender as grandes verdades filosóficas e espirituais da vida. Por que estamos aqui? O que é a realidade? Qual é a natureza do Divino? Qual o significado da vida? No centro de sua jornada, os sagitarianos sentem um desejo insaciável de compreender.

Como outros signos mutáveis, os sagitarianos ficam mais felizes quando suas vidas lhes oferecem variabilidade e novidade suficientes. Para alguns, suas carreiras têm a flexibilidade e mutabilidade necessárias para mantê-los alertas. Para outros, uma carreira que forneça recursos financeiros suficientes e tempo de férias para viagens de fim de semana e aventuras maiores, de longa distância, acabam com essa coceira. Outros, ainda, consideram que o caminho da busca os leva à biblioteca, sala de aula, mosteiro ou templo. Há algo como um monge itinerante filosofando em cada sagitariano.

O espírito ousado de Sagitário não busca experiências emocionantes com o único propósito de uma descarga de adrenalina (embora eles também gostem disso). Os sagitarianos entendem que a sabedoria que procuram não pode ser encontrada apenas nos livros, mas deve ser invocada por meio da experiência. Não basta ouvir a verdade. Sagitário precisa sentir, ver, perceber diretamente. A linguagem é inadequada para comunicar o inefável, enquanto a experiência pode oferecer vislumbres de transcendência.

Ao pensar sobre o propósito de sua vida, considere quais aventuras, filosofias ou aprendizados foram mais emocionantes e cativantes para você. Quais são as grandes questões que o chamam? Que aventuras fazem você se sentir mais vivo? Que experiências alimentam seu entusiasmo? Como você pode dedicar mais tempo e recursos para suas aventuras preferidas?

Considere a casa em que seu Sol está para ver onde a aventura está chamando você.

Você se sente mais apaixonado e no fluxo quando...

embarca em uma nova aventura.

engaja-se em animadas discussões filosóficas.

faz uma atividade física que permita que sua mente se acalme para que alcance essa verdade inefável.

Você se sente mais esgotado ou insatisfeito quando...

realiza a mesma tarefa mundana pela milionésima vez.

é responsável por microgerenciar detalhes e pessoas.

fica muito tempo parado.

Sol
em Capricórnio

Modalidade ⟁ **Cardinal** | Elemento ▽ **Terra** | Planeta regente ♄ **Saturno**

O impulso essencial de CAPRICÓRNIO é a realização. Se há uma montanha para escalar, o capricorniano já traçou a rota, arrumou o equipamento e se comprometeu com a expedição. Ele se dedica a isso a longo prazo. Para atingir seu objetivo, invoca os atributos de seu planeta regente, Saturno: disciplina, responsabilidade, perseverança. Capricórnio entende que alcançar seus sonhos requer sacrifício e gratificação adiada. Não é surpresa que Jane Fonda, com Ascendente em Capricórnio, tenha popularizado o axioma *no pain, no gain*. De fato, os capricornianos entendem instintivamente que há uma certa satisfação na abnegação ou sofrimento a serviço de seu objetivo.

Os capricornianos ficam menos felizes quando não há um trajeto claro para o avanço. Devido a esse desejo de caminhos de carreira demarcados, a maioria dos capricornianos — dependendo de suas outras colocações planetárias — sente-se confortável em profissões tradicionais e funciona bem em organizações e sistemas estabelecidos, seguindo caminhos bem trilhados. Por causa disso, podem estar menos aptos a escolher o empreendedorismo ou a inovação, mesmo que tenham a energia para começar, típica de um signo Cardinal.

A realização geralmente é algo definido e validado externamente, e isso geralmente é aceitável para o capricorniano. Você pode se sentir frustrado em sua carreira, especialmente em cargos de nível baixo, quando há falta de reconhecimento e recompensas por seu comprometimento e trabalho árduo. Sabendo que as metas e o reconhecimento são fundamentais para a sua natureza, como você pode colaborar com seu chefe para incorporá-las ao seu trabalho?

Mais que apenas elogios, recompensas monetárias e prazer de realização, você está interessado em um legado. Qual é a história maior de seu trabalho e contribuições? Esse impulso para criar uma obra é outro ímpeto para você se comprometer com uma determinada linha de trabalho, em vez de pular de uma profissão para outra. Subir um cume leva tempo e dedicação a um caminho singular. Mudar de rota pode ser interessante para um signo Mutável, mas provavelmente frustrante e contraproducente para você.

Ao pensar no propósito de sua vida, sua tarefa é ser honesto consigo mesmo sobre que tipos de conquistas são importantes para você. Por quais métricas você quer ser avaliado? Quão alto deseja chegar? Por quais conquistas quer ser conhecido? Os capricornianos têm tenacidade e habilidade impressionantes para realizar qualquer coisa, mas encontrar uma direção satisfatória para essa energia pode ser um desafio.

Considere a casa em que o seu Sol está para ver em qual área da vida você é mais chamado a lutar por conquistas.

Você se sente mais apaixonado e no fluxo quando...

trabalha diligentemente em direção ao seu objetivo.

enfrenta e cumpre um desafio que exige imenso trabalho e dedicação.

recebe reconhecimento e recompensas justas pelo seu trabalho árduo.

Você se sente mais esgotado ou insatisfeito quando...

sua carreira não oferece caminhos claros para avançar com marcos definidos.

seu trabalho árduo e comprometimento não são reconhecidos e recompensados.

o trabalho se estagna, tornando-se repetitivo e sem desafios.

Sol
em Aquário

Modalidade ⊟ **Fixo** | Elemento △ **Ar** |
Planetas regentes ♄/♅ **Saturno e Urano**

A energia essencial do signo de AQUÁRIO é a inovação. Aquário pode ver que estamos agora em um período de mudanças radicais e incrementais e, portanto, é chamado a imaginar e criar um mundo novo e melhor. Há um paradoxo inerente a Aquário que outros — e até os próprios aquarianos — podem achar confuso. Enquanto Aquário, com seu regente moderno Urano, é um signo de revolução, modernização e mudança radical e progressiva, também carrega as características do regente Saturno. Esse planeta está preocupado com estrutura e estabilidade. Essa regência dual imbui Aquário com a capacidade de entender os sistemas ao mesmo tempo que percebe que eles sempre devem ser testados, avaliados e aprimorados.

O que permite a Aquário ser um inovador tão bem-sucedido é sua capacidade de ver os problemas com desapego. Às vezes, os aquarianos podem parecer frios e austeros, a menos que seus signos lunares ou Ascendentes indiquem fortemente afabilidade (Leão, Sagitário, Libra, Gêmeos) ou priorização de relacionamentos e conexão interpessoal (Câncer, Peixes). Mas esse desapego é um superpoder. Não é que os aquarianos não tenham emoções, mas muitas vezes possuem a capacidade de ficar alheios a elas e ver as situações de forma objetiva. É uma habilidade valiosa em suas vidas pessoais e profissionais.

Embora você possa estar preocupado em iniciar revoluções, também pode se interessar em ser um rebelde do dia a dia e marchar ao ritmo de seu próprio tambor. Ao contrário de todos os outros planetas do nosso sistema solar, Urano está tão inclinado em seu eixo que seu equador está quase em ângulo reto com sua órbita, como se estivesse rolando de lado ao redor do Sol. Da mesma forma, você pode descobrir que é único, girando em sua órbita do seu jeito. Isso pode tornar difícil para você se relacionar e se conectar com outras pessoas, mas abraçar e deleitar-se em sua individualidade faz parte do seu propósito de vida. Você mostra ao resto do zodíaco que não existe apenas uma maneira de ser, pode imaginar novas realidades e depois criá-las.

Ao considerar o propósito de sua vida, que trabalho e experiências despertam sua curiosidade e seu desejo de refinar ou interromper os sistemas atuais? Quais são os problemas mais satisfatórios que você resolveu? Que revolução está apoiando? De que forma você torna o mundo um lugar melhor do que encontrou? Como está abraçando sua individualidade?

Considere a casa em que seu Sol está para entender onde na vida você volta seu olhar perspicaz e onde procura promover a mudança.

Você se sente mais apaixonado e no fluxo quando...

analisa, testa e melhora sistemas desatualizados.

interrompe o *status quo*.

influencia uma comunidade em direção à mudança intelectual, sistêmica ou cultural.

Você se sente mais esgotado ou insatisfeito quando...

pedem para você aceitar as coisas como elas são.

faz algo só porque sempre foi feito assim.

se dedica a trabalhos que não impactam claramente o coletivo.

Sol em Peixes

♓

Modalidade ♊ **Mutável** | Elemento ▽ **Água**
Planetas regentes ♃/♆ **Júpiter** e **Netuno**

PEIXES é água livre. É difuso, flui livremente, escorregando entre os vãos. Sua natureza é incontida, de modo que os piscianos podem achar difícil trabalhar em ambientes fortemente estruturados. Ao mesmo tempo, ter estruturas externas que garantam a responsabilidade e o progresso pode ser essencial para Peixes realizar seus sonhos — que são muitos. Com o otimismo de seu regente tradicional Júpiter e a intuição sonhadora de seu moderador Netuno, Peixes tem o poder único de ser a imaginação esperançosa do coletivo. Os benefícios dessa capacidade de canalizar a força criativa universal são potentes para qualquer empreendimento, do artista ao curador e ao pai. A desvantagem pode ser uma tendência a escapar do sufocamento da existência humana mundana.

Peixes entende a ilusão das estruturas feitas pelo homem (linguagem, lei, governo, estruturas sociais) e a sensação de separação que elas criam. Os piscianos sentem intuitivamente a conexão entre as pessoas, das pessoas com seu ambiente, de tudo, energeticamente; do plano material e do Divino. Talvez seja o signo mais espiritual do zodíaco. Mesmo que não se identifiquem como religiosos ou espirituais, piscianos têm uma percepção aguçada de que existe algo maior, seja arte, humanidade, a Terra ou alguma consciência divina. Peixes é chamado à verdade transcendente e não está interessado ou amarrado ao dogma moderno sobre praticidade, materialismo ou regras arbitrárias feitas pelo homem. O que pode ser difícil sobre essa natureza é que ela não se encaixa bem no capitalismo ocidental, em que seu valor como pessoa geralmente está vinculado ao que você produz e a qualidade de sua vida é determinada pela forma como você monetiza seu tempo. As mensagens da sociedade podem fazer com que Peixes se sinta inadequado, preguiçoso ou estranho por não aderir aos valores convencionais. Mas a natureza de Peixes é um presente para a humanidade míope e medrosa de que há mais para saber, sentir e estar, além da mentalidade de escassez do materialismo. Muitas vezes, os piscianos podem ser encontrados como líderes espirituais, curandeiros ou artistas que ajudam a guiar o resto de nós além dos limites de nossa percepção. Dessa forma, Peixes oferece a salvação da tirania das crenças limitantes e do isolamento da vida moderna.

Considere a casa em que seu Sol está para ver onde na vida você mais procura o senso de unidade conectada.

Você se sente mais apaixonado e no fluxo quando...

tem espaço e tempo para deixar sua mente vaguear.

se sente conectado a alguma verdade maior (por meio de espiritualidade, música, arte, amor, caridade, ativismo ou outra atividade que chame sua atenção).

expressa seu idealismo em sua forma preferida, seja como artista, curador, guia ou amigo.

Você se sente mais esgotado ou insatisfeito quando...

é limitado por regras rígidas, horários e estruturas.

é forçado a se conformar com as expectativas tradicionais.

se sobrecarrega tanto que não tem tempo para reflexão, meditação ou qualquer prática silenciosa que lhe permita transcender suas percepções físicas.

2
A casa onde está o Sol
Onde você está energizado

O SIGNO ONDE O SOL ESTAVA quando você nasceu indica o estilo com o qual aborda o mundo e vive o propósito de sua vida. É a forma *como* você brilha. A casa em que seu Sol reside, por outro lado, fala sobre *onde* você brilha na vida e se sente mais energizado. Conforme discutido em Decifrando o código, há doze casas em um mapa natal. Cada uma corresponde a certos domínios da vida. Neste capítulo, veremos qual casa seu Sol natal ocupa para saber mais sobre onde você vive seu propósito na vida e os tipos de atividades que mais se alinham com ele.

Vamos nos familiarizar com a configuração das casas em seu mapa natal. A primeira observação é que seu signo Ascendente está sempre na Casa 1. A Casa 2 é ocupada pelo próximo signo do zodíaco, a Casa 3 é ocupada pelo signo seguinte, até completar os doze signos. Por exemplo, se o signo Ascendente for Gêmeos, sua Casa 1 será ocupada por Gêmeos, sua Casa 2 será ocupada por Câncer, sua Casa 3 será ocupada por Leão e assim por diante.

IDENTIFICANDO O SIGNO DO SEU ASCENDENTE

O signo Ascendente é o signo zodiacal que contém seu ponto Ascendente. Lembre-se de que o ponto Ascendente é a posição do horizonte leste no momento do seu nascimento. Imagine uma linha sendo traçada do horizonte leste para o espaço e conectando-se com um grau específico de um signo do zodíaco — por exemplo, 12º de Libra; esse grau exato é o ponto Ascendente e estabelece o signo Ascendente como Libra. O signo Ascendente sempre ocupa a Casa 1, portanto, em seu mapa natal, seu ponto Ascendente (abreviado como ASC) sempre deve aparecer em algum lugar da Casa 1.

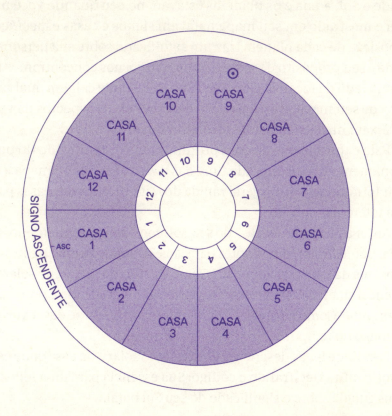

DECODIFICANDO AS POSIÇÕES DAS CASAS

A casa onde está o Sol é um componente-chave para entender quais temas da vida são centrais para o seu propósito, mas é apenas uma parte da história. Entender a casa em que o regente do Ascendente está colocado (Capítulo 4) e a casa que a Lua ocupa (Capítulo 6) também são considerações importantes para as áreas da vida que são mais críticas para você. Depois de ler sobre esses três posicionamentos, você pode misturar e equilibrar o significado das casas. Consulte a seção final, **Calibração**, para ver um exemplo.

Onde o Sol, a Lua e os planetas estavam no céu quando você nasceu é mostrado em seu mapa natal em signos e casas específicos. A posição de cada planeta traz um significado sobre sua personalidade e seu propósito de vida. Neste capítulo, nos concentramos no significado da localização do seu Sol. O Sol pode cair em qualquer casa de seu mapa, e essa posição descreve quais aspectos da vida o deixam mais energizado, vivo e em fluxo.

Este capítulo aborda com profundidade o significado do posicionamento do Sol em cada uma das doze casas, mas o mapa a seguir fornece uma visão geral rápida dos significados das casas para sua referência.

Ao ler a descrição da casa do seu Sol, considere esses domínios da vida. Como foram importantes para você? Quando se envolve nesses aspectos da sua vida você flui? Como o estilo do seu signo solar influencia sua vida? Como esses aspectos dão significado e propósito à sua vida? Como sua relação com os temas da casa se desenvolveu ao longo do tempo?

Depois de ler as descrições do seu signo solar e da casa onde está o Sol, confira **Decifrando o código: Sua essência** para uma reflexão mais guiada sobre o significado do seu Sol natal.

SIGNIFICADO DAS CASAS

CASA	SIGNIFICADO
1	O eu e a identidade pessoal
2	Dinheiro, bens e habilidades
3	Comunicação, comunidade local e irmãos
4	Lar, família e linhagem
5	Criatividade e filhos
6	Trabalho diário, hábitos e saúde
7	Colaboração e parceria (romântica ou não)
8	Recursos compartilhados, términos e transformação
9	Aprendizagem, ensino, espiritualidade e viagens
10	Carreira e vida pública
11	Comunidades, amigos e apoiadores
12	Vida oculta, mente inconsciente e conexão com o Divino

A CASA ONDE ESTÁ O SOL

Preencha os espaços em branco com informações de seu próprio mapa natal, referindo-se à tabela Significado das Casas.

A casa onde está o seu Sol: _____

Partes da vida representadas por essa casa: _____

Sol
na Casa 1

O Eu e a identidade pessoal

A CASA 1 é a casa do eu, da identidade pessoal, da autorrealização, do corpo físico e da aparência. É a casa do indivíduo. Quando seu Sol está na Casa 1, o propósito de sua vida exige que você brilhe, é se concentrar em si mesmo. Você está aqui para se autorrealizar e se expressar. Sua arte, sua voz e suas ideias devem ser ouvidas. Isso não significa necessariamente que seu público será o mundo inteiro e que você viverá uma vida muito pública. Em vez disso, o propósito da sua vida é viver e se expressar autenticamente. Há um chamado para você, nesta vida, que é priorizar a si mesmo.

Talvez isso ressoe em você e você se sinta confortável ocupando espaço e brilhando sua luz. Viva! Mas, para muitos com esse posicionamento, há desconforto em se priorizar. Para alguns, chamar atenção para si mesmo significa um convite ao perigo. Para outros, em especial as mães, existe uma narrativa internalizada de que a autoanulação e o martírio são necessários para serem considerados bons e dignos. Pode muito bem ter autocrítica para o propósito de sua vida superar essas crenças opressivas. Algo que pode ajudar é perceber que brilhar sua luz e se considerar digno de ser visto, ouvido e valorizado é a contribuição que você dá ao coletivo. Ao reivindicar e valorizar a si mesmo, você modela para os outros que eles também sejam dignos e valiosos, que também podem ocupar espaço. Que eles importam como VOCÊ importa, como você é, com defeitos e todo o resto. Suas paixões, pensamentos, arte, entusiasmo, lutas e triunfos são importantes e centrais para o trabalho de sua vida. Nesta vida, você é chamado a se concentrar em si mesmo.

DECODIFICANDO A CASA ONDE ESTÁ SEU SOL

+ Lembre-se de momentos em que você foi estigmatizado por se colocar em primeiro lugar ou tentar destacar a si mesmo, suas ideias ou seu trabalho. Como isso influenciou a forma como você se comporta agora? Você luta para focar sua vida em si mesmo?

+ Lembre-se de momentos em que você priorizou a si mesmo, seu trabalho ou suas ideias e se sentiu bem. Em quais atividades se sentiu à vontade para ser o centro das atenções? Quais amigos ou grupos permitem que você brilhe e ocupe espaço?

+ De que maneira você deseja se concentrar em si mesmo, em seu desenvolvimento pessoal e em suas ideias?

Sol
na Casa 2

Dinheiro, bens e habilidades

A CASA 2 diz respeito ao seu dinheiro e aos seus bens, como você os administra e as habilidades com as quais adquire dinheiro e bens. Com seu Sol na Casa 2, seu propósito se confunde com sua profissão. Certamente, para a maioria de nós, nossos empregos desempenham um grande papel em nossas vidas, muitas vezes exigindo a maior parte de nosso tempo e energia. Mas, especialmente para você, ganhar e administrar seu próprio dinheiro, e a satisfação e autonomia que vêm com isso, serão um tema essencial em sua vida.

Esse posicionamento significa que se expressar no estilo do seu signo solar será sua principal estratégia para ganhar dinheiro. Por exemplo, se o seu Sol está em Leão na Casa 2, é provável que sua profissão inclua algum tipo de performance, talvez como ator, professor, escritor ou filho. Da mesma forma, porém, o Sol em Leão na Casa 2 pode se expressar como um funcionário carismático em qualquer função, como barman, organizador de casamentos ou CEO. O carisma é a habilidade essencial em qualquer trabalho que você faça. Alternativamente, se você tiver o Sol em Câncer na Casa 2, sua principal habilidade para ganhar dinheiro provavelmente envolverá cuidar, nutrir ou construir relacionamentos. Leia mais sobre o seu signo solar (Capítulo 1) para obter informações adicionais sobre o estilo com o qual você ganha dinheiro.

Ter o seu Sol na Casa 2 geralmente indica uma notável capacidade de ganhar dinheiro. Se o seu Sol estiver em um signo Mutável (Gêmeos, Virgem, Peixes ou Sagitário), você pode se deparar com vários fluxos de receita ao mesmo tempo, como um trabalho principal e

DESCUBRA MAIS

Seu Sol está posicionado em uma de suas Casas de Substância. Você pode ler mais sobre elas em seu mapa, na Parte IV.

movimentos paralelos. A ideia-chave é que você, sua vibração e sua natureza essencial estejam intimamente ligados à forma como ganha dinheiro.

Sol na Casa 2 também significa que administrar seu dinheiro e ser financeiramente independente são essenciais para o seu propósito de vida. Para algumas pessoas, suas fortunas estão ligadas a outras, mas para você, manter-se financeiramente por conta própria será energizante e fortalecedor.

DECODIFICANDO A CASA ONDE ESTÁ SEU SOL

+ Qual é a sua relação com dinheiro?

+ A independência financeira tem importância especial em sua vida?

+ Quais são as histórias sobre dinheiro que herdou de sua família e da sociedade? Como isso o ajuda ou atrapalha ao administrar ou ganhar dinheiro? Como eles influenciam sua sensação de bem-estar no que se refere a finanças?

+ Que habilidades seu signo solar (Capítulo 1) lhe dá e que você usa no trabalho? Do que mais gosta nessas habilidades? Como você pode priorizar o uso delas em seu trabalho?

Sol
na Casa 3

Comunicação, comunidade e irmãos

Com o seu Sol na CASA 3, a comunicação será um tema essencial do seu propósito de vida. Você tem algo a dizer, sabedoria para compartilhar, vontade de entreter ou talento para a mediação. Olhe para o seu signo solar para obter mais informações sobre o estilo e o conteúdo daquilo que você está aqui para comunicar.

Esse posicionamento geralmente aborda a natureza inquisitiva para perseguir novas e diferentes ideias e se perder em qualquer que seja sua obsessão atual e, então, compartilhar sobre essa obsessão. As pessoas com esse posicionamento podem se tornar professores, especialmente de educação infantil ou fundamental, pois essa casa está relacionada com o ensino que recebemos no início da vida.

Qualquer forma de comunicar ideias é da competência da Casa 3. A chave para desbloquear o seu poder é entender os pontos fortes e o estilo do seu signo solar e como isso pode indicar as suas paixões pelas várias formas de comunicação e como podem ser feitas. Um Sol de Casa 3 em Libra pode funcionar bem em comunicações verbais ou escritas — por exemplo, diálogo, diplomacia e treinamento — em tópicos venusianos, como estética, cultura, relacionamentos ou justiça. Um Sol de Casa 3 em Peixes pode procurar se comunicar sobre espiritualidade e por meio de expressões não verbais emocionalmente evocativas, como artes visuais ou performáticas. Será vital para você testar diferentes métodos de comunicação para descobrir em qual se sente melhor e mais alinhado. Por meio de tentativa, erro e experiência, você descobrirá os tópicos e formas de comunicação mais gratificantes que o ajudarão a se conectar com seu público.

ESTILO DE COMUNICAÇÃO DE ACORDO COM OS SIGNOS NA CASA 3

Seu estilo de comunicação é...

Áries	Rápido e combativo	**Libra**	Informado e charmoso
Touro	Descontraído e pé no chão	**Escorpião**	Intenso e incisivo
Gêmeos	Frenético e informativo	**Sagitário**	Divertido e filosófico
Câncer	Reconfortante e inclusivo	**Capricórnio**	Pragmático e concreto
Leão	Performativo e entusiasmado	**Aquário**	Perspicaz e inovador
Virgem	Claro e perspicaz	**Peixes**	Compassivo e sonhador

DECODIFICANDO A CASA ONDE ESTÁ SEU SOL

+ Que mensagens ou sabedoria você deseja compartilhar?

+ Qual é o seu meio de comunicação favorito (por exemplo, escrito, verbal, visual abstrato, metafórico, musical)?

+ O que você quer aprender e o que quer ensinar?

Sol
na Casa 4

Lar, família e linhagem

A CASA 4 é o lugar do lar e da família em nosso mapa. Aborda a casa de infância, bem como a que cultivamos para nós mesmos quando adultos. Descreve também a nossa família, tanto a de origem como a que escolhemos. É a casa que fala de nossos pais, nossa linhagem e onde viemos. Quando seu Sol está em sua Casa 4, você fica energizado e animado em seu espaço doméstico. É provável que seja o seu santuário. Você pode achar que trabalha melhor em casa, ou que o cultivo da vida doméstica e familiar é fundamental para o propósito de sua vida.

Você pode descobrir que, em seu trabalho, assuntos como lar, pátria e linhagem podem ser mais significativos. Talvez cultivar o lar e a família para os outros por meio do trabalho social ou da cura de feridas familiares, como um terapeuta, chame você. O trabalho relacionado ao rastreamento dos direitos dos ancestrais ou à preservação da herança cultural pode ressoar com a energia do Sol na Casa 4. Existem muitas expressões dessa energia, portanto, não se limite a interpretações que se concentram apenas em seu lar físico ou o núcleo familiar.

A Casa 4 é o nosso espaço mais privado e pessoal. Serve como a base que sustenta toda a vida. Você brilha melhor em particular? Sente-se mais você mesmo e vivo quando está em casa ou com a família? Mesmo que seu Sol esteja na Casa 4, você também tem uma Casa 10 (veja a Parte IV) e uma vida pública. Você também pode ter uma vida profissional voltada para o público, mas essa posição do Sol fala da centralidade do lar para o propósito de sua alma e onde você é energizado.

DECODIFICANDO A CASA ONDE ESTÁ SEU SOL

+ Como você define "lar" em sua vida?

+ Quem são as pessoas e quais são os lugares que compõem a sensação de "lar"?

+ De que forma seu lar é vital para inspirá-lo?

+ Como o espaço de seu lar reenergiza você?

+ Qual é a importância de sua família — seja como você a defina — e de sua herança para sua vida?

Sol
na Casa 5

Criatividade e crianças

A CASA 5 corresponde à nossa expressão criativa. Onde estão nossos trabalhos criativos e o das crianças (a expressão criativa dos nossos corpos). Ter seu Sol natal na Casa 5 significa que você está energizado e se sente em fluxo ao se envolver com sua criatividade e cultivar seus trabalhos criativos. Seus filhos, seus projetos de livros, seu portfólio de arte, sua música, seus trabalhos manuais, sua criação — provavelmente uma combinação de várias saídas criativas o tornam mais vivo. Não é que as pessoas com Sol em outras casas não criem (todos nós temos uma Casa 5 em nossos mapas), mas, no seu caso, é o ato de criar que faz você se sentir mais revigorado e é fundamental para seu propósito de vida.

O signo da Casa 5 pode dar insights sobre a natureza de nossas expressões criativas que nos inspiram. Veja a tabela Estilo de Criatividade pelo Signo da Casa 5 para um guia rápido, ou o signo do Sol (Capítulo 1) para mais informações sobre o estilo de sua criatividade. Lembre-se de que a criatividade não se limita à expressão artística ou ao artesanato. Ela está em tudo, desde a resolução de problemas do dia a dia até colaborações no local de trabalho e a decoração de sua mesa. Encontre as saídas criativas que o chamam e permitem que você expresse seu estilo de signo solar.

Para alguns com esse posicionamento, ser pai, mãe ou cuidar de crianças pode ser fundamental para o propósito de sua vida. Observe que a criatividade e o cuidado podem ser uma situação em que ambas aconteçam, e não apenas uma ou outra. Uma pessoa com o Sol na Casa 5 pode obter realização e expressar plenamente seu mapa como pai e criador. Como alternativa, você pode se concentrar em cuidar ou expressar em seus trabalhos criativos, e não nos dois. Sinta o que te chama.

ESTILO DE CRIATIVIDADE PELO SIGNO DA CASA 5
Sua criatividade é marcada por...

Áries	Velocidade, agressividade e paixão	Libra	Harmonia, equilíbrio e justiça
Touro	Beleza, sensualidade e envolvimento de um ou mais dos cinco sentidos	Escorpião	Intensidade emocional e choque de valores
Gêmeos	Multiplicidade, engenhosidade e curiosidade	Sagitário	Investigação filosófica, intercâmbio cultural e otimismo
Câncer	Compaixão, emoção, conexão e nostalgia	Capricórnio	Estrutura, contenção e atemporalidade
Leão	Autoexpressão, entusiasmo e magnanimidade	Aquário	Inovação, desapego e excentricidade
Virgem	Precisão, perfeição e resolução de problemas	Peixes	Surrealismo, espiritualidade e interconectividade

DECODIFICANDO A CASA ONDE ESTÁ SEU SOL

+ De que forma você se sente mais criativo?

+ Quais são suas coisas favoritas para criar?

+ Você se identifica com o estilo de criatividade descrito pelo seu signo na Casa 5? Como sua energia criativa aparece em seus hobbies, obras de arte, trabalho profissional e outras esferas?

+ Qual a sua relação com as crianças? Como cuidar dos jovens é fundamental para o propósito de sua vida?

Sol
na Casa 6

Trabalho diário, hábitos e saúde

A CASA 6 engloba nosso trabalho e hábitos do cotidiano. Ter o Sol na Casa 6 indica que você está energizado e em fluxo com o trabalho do dia a dia, e você se sentirá especialmente no fluxo quando ele for estruturado no estilo do seu signo na Casa 6. Um Sol na Casa 6 em Peixes pode exigir muito tempo para devaneios, espiritualidade e expressão artística sem uma estrutura rígida, enquanto um Sol na Casa 6 em Virgem prosperará com prazos e listas de tarefas. (Leia sobre o seu signo solar no Capítulo 1 e mais sobre a sua Casa 6 na Parte IV para ter uma noção melhor de como o seu signo da Casa 6 quer se expressar no seu trabalho diário.) Pode parecer estranho dizer isso, mas você realmente brilha na rotina, o que significa que o trabalho em si é tão gratificante quanto a conclusão de um projeto.

Alternativamente, o Sol na Casa 6 pode simplesmente significar que você se sente mais energizado e em fluxo quando estrutura sua vida diária de forma que ressoe com seu estilo principal (signo solar), então não necessariamente apenas o trabalho que realiza todos os dias, mas também os rituais matinais, hábitos regulares de saúde ou seus rituais de café. Por exemplo, se o seu signo da Casa 6 for Touro, ter rituais diários que priorizem os prazeres dos sentidos, como cozinhar comida saborosa ou desfrutar de uma rotina luxuosa de cuidados com a pele, pode fazer parte de sua natureza essencial e como você vive o propósito de sua vida. Lembre-se de que não estamos aqui apenas para criar um grande corpo de trabalho ou realizar grandes objetivos, mas também para aproveitar cada momento e a beleza da vida cotidiana — e ninguém mais do que uma pessoa com o Sol na Casa 6 pode fazer isso.

DESCUBRA MAIS

Seu Sol está posicionado em uma de suas Casas de Substância. Você pode ler mais sobre elas em seu mapa, na Parte IV.

A Casa 6 também se preocupa com sua saúde física, que em grande parte é resultado de seus hábitos diários. Ter o Sol na Casa 6 pode indicar que o propósito da sua vida envolverá o foco no seu bem-estar físico ou talvez no bem-estar dos outros. Por causa dos vínculos com a saúde física, as pessoas com o Sol na Casa 6 podem encontrar sua vocação na indústria da saúde ou em outras modalidades de cura.

DECODIFICANDO A CASA ONDE ESTÁ SEU SOL

+ O que é mais gratificante no seu trabalho diário?

+ Como você pode priorizar os aspectos que são mais envolventes e minimizar os que são mais tediosos?

+ Como o estilo do seu signo na Casa 6 informa a maneira pela qual você estrutura seu trabalho e rotinas do dia a dia? De que forma você poderia alinhar as rotinas diárias ao seu signo da Casa 6 para se sentir mais no fluxo?

+ Como você prioriza a manutenção da sua saúde em rituais diários? Os cuidados saudáveis ou a cura são do seu interesse profissional?

Sol
na Casa 7

Colaboração, parceria com comprometimento

A CASA 7 é a casa da parceria com comprometimento, principalmente relacionamentos românticos, amizades a longo prazo íntimas e de negócios. Há um elemento contratual nessas relações, sejam os contratos jurídicos ou socialmente construídos. Por exemplo, o casamento é um relacionamento contraído legalmente, mas uma amizade duradoura também está sujeita a regras, obrigações e expectativas, provavelmente acordadas tanto implícita quanto explicitamente.

Pessoas com o Sol natal na Casa 7 brilham melhor em colaboração. Isso pode assumir muitas formas na sua vida. Você pode sentir uma sensação de fluxo e realização em seus relacionamentos românticos sérios. Talvez você e seu parceiro amoroso tenham até um negócio juntos; um relacionamento saudável e solidário é essencial para você expressar todo o seu potencial. Isso não quer dizer que as pessoas com Sol na Casa 7 sempre tenham relacionamentos românticos excelentes e saudáveis, mas sim que cultivar parcerias saudáveis e duradouras (românticas, amizades ou de negócios) permitirá que você brilhe melhor. Na verdade, pode ser benéfico para um Sol na Casa 7 ter uma coleção de relacionamentos sérios (por exemplo, clientes de negócios e um parceiro romântico) para que sua autoexpressão completa não pese muito em nenhum relacionamento.

A força dessa posição é a sua habilidade em se conectar com os outros individualmente. Seus métodos para fazer isso são descritos pelo seu signo solar (Capítulo 1). Conectar-se e colaborar com as pessoas, como coach, chefe, colega de trabalho, advogado ou amigo, é o seu dom. O desafio dessa posição é a possibilidade de se perder no outro, colocando-o em primeiro lugar em um grau excessivo ou contando com ele de forma codependente para o seu bem-estar ou significado de vida. Você não é apenas seu signo solar e sua casa, e sim um mapa natal completo, complexo e maravilhoso. Veja esse posicionamento como seu dom exclusivo para se conectar com outras pessoas de forma significativa e produtiva, e não como uma necessidade de parceria, e você evitará a armadilha de permanecer em relacionamentos que deveria abandonar ou procurar qualquer relacionamento apenas para ter um.

DECODIFICANDO A CASA ONDE ESTÁ SEU SOL

+ Quais são suas parcerias sérias mais significativas?

+ Como elas permitem que você brilhe mais plenamente?

+ Quais são suas colaborações mais energizantes? Como colaborar com um parceiro ajuda a trazer o seu melhor trabalho?

+ Como ser um bom parceiro é seu superpoder? Você está energizado e adepto a ajudar os outros por meio da colaboração, do coaching ou da facilitação?

Sol
na Casa 8

Recursos compartilhados, términos e transformação

A CASA 8 é um lugar complexo no mapa natal. Por um lado, ela lida com o dinheiro de outras pessoas ou bens compartilhados: empréstimos, impostos, heranças ou dinheiro compartilhado com o cônjuge. Ter seu Sol natal nela pode significar que você se sente atraído por administrar o dinheiro ou os bens de outras pessoas, como agente, consultor financeiro ou corretor de imóveis.

A Casa 8 também significa alguns dos aspectos mais difíceis da experiência humana. É o lugar da morte, transformação e renascimento. As pessoas com o Sol na Casa 8 também podem ser atraídas pelos temas da morte. Isso pode se manifestar profissionalmente, como enfermeira de um hospital psiquiátrico, mas também por caminhos mais artísticos, como um escritor cujos livros questionam a mortalidade. Geralmente a Casa 8 trata dos términos e das transformações que devem ocorrer antes que algo novo possa começar. Uma planta floresce, morre e é transformada pela decomposição em solo fértil do qual brota uma nova vida. Existem muitas maneiras pelas quais você pode se envolver com o tema da transformação como parte do propósito de sua vida. Talvez você seja chamado para facilitar a transformação de outras pessoas como conselheiro, servindo de guia quando uma parte da jornada de alguém termina e uma nova aventura começa. Talvez você crie experiências imersivas e transformadoras por meio da arte performática. Relacionada à morte e aos finais, a Casa 8 também é o local da saúde mental e do luto. Você pode se sentir chamado a apoiar indivíduos com questões mentais, talvez como conselheiro de luto, psiquiatra ou terapeuta para pessoas com vícios. Existem inúmeros términos e começos em nossas vidas, e algo nesse espaço limítrofe e de transição chama você.

Esses tópicos o convocarão e seu signo solar (Capítulo 1) orientará a maneira como você se envolve com eles. Há uma tendência em nossa sociedade de evitar assuntos tabus como morte e doenças mentais, mas eles são partes essenciais do ser humano e não devem ser temidos. Sem dúvida, você detém uma capacidade única de se colocar entre esses aspectos da experiência humana. Um dom que você pode cultivar da maneira que for mais verdadeira para você.

DECODIFICANDO A CASA ONDE ESTÁ SEU SOL

+ De que forma o fim, a transformação e o renascimento são temas importantes em sua vida?

+ Como você se envolve com esses tópicos profissionalmente, pessoalmente ou artisticamente?

+ A gestão de bens compartilhados, empréstimos ou dos bens de outras pessoas é uma característica fundamental de sua vida ou trabalho profissional? Isso parece energizante?

+ Que papel a saúde mental e a doença desempenharam em sua vida? De que forma você ilumina esses e outros temas considerados tabus pela sociedade?

+ O que sobre esses tópicos é produtivo e inspirador para você e seu trabalho?

Sol
na Casa 9

Aprendizado, ensino, espiritualidade e viagem

A energia primária da CASA 9 é o chamado para buscar e compreender. É o lugar de aprender, ensinar, escrever e publicar. Todos os tipos de investigação intelectual vivem aqui, incluindo o ensino superior tradicional, bem como a abordagem pessoal ao estudo. Todos os domínios de estudo estão aqui também, desde áreas centrais até filosofia esotérica e religião. É uma casa preocupada com a procura e a partilha de conhecimento. Talvez você cultive uma vida de estudo, seja formal, como na vida acadêmica, ou informal, como um leitor voraz ou estudante da natureza humana. O que deseja? Sempre há algo diferente e você é insaciável. Como pode criar espaços e oportunidades para aprender? Você pode se sentir chamado para trabalhar como professor, escritor, ter um podcast — qualquer saída para compartilhar seu conhecimento. Como alternativa, pode encontrar satisfação trabalhando nas indústrias de educação, publicação, viagens ou jornalismo. Por ser a casa que trata dos estudos espirituais, você pode descobrir que a maior parte do propósito de sua vida envolve investigação e prática espiritual.

O impulso de busca da Casa 9 muitas vezes estimula as pessoas com esse Sol a viajar para longe. Sua sede de compreensão as leva a novos locais e terras estrangeiras. Você sabe que existem certas sabedorias que só podem ser captadas por meio da experiência direta, e não apenas em um livro. Você tem um espírito intrépido e está sempre ouvindo o chamado da aventura sussurrado em seu espírito.

ABORDAGENS DE INVESTIGAÇÃO DE ACORDO COM O ELEMENTO PRESENTE NA CASA 9

Em seu aprendizado e aventuras, você deseja...

Terra	Dados e resultados tangíveis
Ar	Discussões filosóficas e rigor intelectual
Água	Abordagens para a sabedoria intuitiva e espiritual
Fogo	Investigação orientada para a ação e experimental

DECODIFICANDO A CASA ONDE ESTÁ SEU SOL

+ Como o aprendizado e o ensino influenciam sua vida?

+ O que você se sente chamado a aprender? O que você é apaixonado por compartilhar?

+ Que aventuras chamam você? Praias estrangeiras, verdades ocultas enterradas para serem escavadas, descobertas científicas, jornadas espirituais ou investigações filosóficas? Como pode priorizar suas aventuras favoritas?

+ Como a filosofia e a espiritualidade influenciam sua vida? Que tradições e sabedorias reabastecem você quando se sente esgotado? Que crenças dão sentido à sua vida?

Sol
na Casa 10

Carreira e vida pública

A CASA 10 é o lugar da carreira e da vida pública. Constitui o ponto mais alto do mapa, o lugar mais visível, o zênite. Ainda que a Casa 2 e a Casa 6 também abordem a nossa vida profissional, a Casa 10 é sobre a totalidade de nossa carreira, o quadro geral e o que realizamos em nossa vida pública (consulte a Parte IV: Seu trabalho para saber mais). Ela significa que você brilha mais intensamente em sua carreira ou na esfera pública. É uma assinatura forte para a fama, com muitos indivíduos proeminentes tendo esse Sol: Toni Morrison, Al Pacino, Paul McCartney, Gwen Stefani, Lauryn Hill, Martha Stewart, Whoopi Goldberg e Paul Rudd. Isso não significa que você tenha que buscar a fama no nível que esses indivíduos fizeram, mas poderia. O significado essencial do Sol na Casa 10 é o seu brilho da forma mais autêntica e vibrante em sua carreira. Seu signo solar fornece mais informações sobre o estilo de carreira mais adequado para você (consulte o Capítulo 1).

O que pode ser libertador em aceitar seu Sol na Casa 10 é a possibilidade de abraçar o compromisso com seu trabalho ou a notoriedade pública que busca. Outras pessoas podem não entender — elas não têm Sol na Casa 10, mas, para você, sua carreira é como você expressa sua alma. Você é apaixonado por ela, e encontrar o ajuste certo é fundamental para o propósito de sua vida.

Pode ser um desafio encontrar equilíbrio entre vida profissional e pessoal. A Casa 10 é oposta à Casa 4, a do lar e da família, o que ilustra a tensão entre nossa vida pública e privada, carreira e família. Não é impossível encontrar um equilíbrio, no entanto. A Casa 4 é o lugar mais privado de nosso mapa, onde está nosso lar físico e nossa

DESCUBRA MAIS

Seu Sol está posicionado em uma de suas Casas de Substância. Você pode ler mais sobre elas em seu mapa, na Parte IV.

vida familiar. Pode ser vista como a base de nosso mapa, em que estamos enraizados e apoiados. Ser capaz de cultivar um espaço doméstico sólido pode ser fundamental para permitir que você tenha a energia e o apoio necessários para iluminar seu Sol da Casa 10 em qualquer carreira e esfera pública que escolher.

DECODIFICANDO A CASA ONDE ESTÁ SEU SOL

+ Qual é a sua relação com o trabalho e a sua carreira?

+ Ela tem sido essencial em sua vida ou você gostaria que fosse mais?

+ Você sente que dedica muito tempo à carreira em detrimento de outros aspectos da sua vida?

+ Que narrativas internalizou sobre carreira? Elas ajudam ou impedem você de dedicar o tempo e os recursos necessários para construir uma carreira satisfatória?

+ Qual é a sua relação com a fama? Que notoriedade você busca? Acha fácil assumir um papel de destaque? Que tipo de fama atrai você?

Sol
na Casa 11

Comunidades, amigos e patronos

A CASA 11 é o lugar das comunidades, dos amigos, grupos, clientes, fãs e patronos. Onde estão os grupos de pessoas da sua vida, dos amigos íntimos até a humanidade como um todo. Ela significa que você está energizado reunindo pessoas, organizando grupos, brilhando diante de seus fãs ou engajando-se em profissões que se concentram na construção de uma base de clientes. Você é o construtor da comunidade. Observe o signo do seu Sol para obter informações sobre o estilo com o qual você se relaciona com o coletivo (veja a tabela na próxima página, bem como o Capítulo 1).

Talvez você seja introvertido demais para um Sol da Casa 11, mas no nível mais simples, essa posição significa que você brilha onde pertence. Isso pode significar criar uma conexão online com os fãs do seu trabalho em uma plataforma como o Patreon ou sentir-se mais realizado em seu grupo de amigos próximos. Por outro lado, você pode abraçar suas habilidades naturais para criar comunidades, cultivar uma base de fãs e buscar fama. Alguns notáveis com Sol na Casa 11 são: Marilyn Monroe, Marcel Marceau, Jim Morrison e John Elway.

Esse posicionamento pode inspirá-lo a prestar serviço à humanidade de maneira mais ampla. Advocacia, organização comunitária e ativismo podem ser sua vocação. Você entende que estamos todos conectados e somos responsáveis uns pelos outros. Não é um fardo, mas uma oportunidade. Você nos lembra que estamos todos juntos, o que é um conforto, mas também uma responsabilidade.

ESTILO DE COMUNICAÇÃO DE ACORDO COM O SIGNO NA CASA 11

Você constrói e apoia a comunidade ao...

Áries	Lutar e defender os outros	Libra	Criar beleza, harmonia, paz e justiça para os outros
Touro	Criar experiências suntuosas para os outros	Escorpião	Facilitar experiências transformadoras para os outros
Gêmeos	Envolver outras pessoas em conversas reflexivas e provocativas	Sagitário	Inspirar otimismo e aventura
Câncer	Cuidar dos outros e construir um senso de família	Capricórnio	Criar estruturas duradouras e construir em direção a resultados tangíveis
Leão	Atrair fãs e clientes por meio do seu desempenho	Aquário	Despertar inovação ou rebelião para conceber uma nova realidade
Virgem	Atender às necessidades da sua comunidade, resolvendo problemas	Peixes	Criar conexões significativas, talvez espirituais, entre as pessoas, com algum ideal maior

DECODIFICANDO A CASA ONDE ESTÁ SEU SOL

+ Em que grupos você se sente mais vivo?

+ Com quais comunidades se identifica e como o envolvimento com elas nutre e energiza você?

+ O que há em você que une as pessoas? Como isso ressoa o seu signo solar?

+ Quais comunidades você deseja servir e apoiar? Como quer unir as pessoas para um bem maior?

Sol
na Casa 12

Vida oculta, inconsciente e conexão com o divino

A CASA 12 é o lugar daquilo que está oculto: segredos, a mente inconsciente, o inconsciente coletivo, os reinos espirituais. Ela busca iluminar esses espaços escondidos. As pessoas com esse mapeamento costumam ser profundamente espirituais e sentem uma conexão com o Divino, seja como o definam. Um Sol em Touro na Casa 12 pode sentir uma conexão profunda com a Terra e os ciclos das estações, enquanto um Sol em Peixes na Casa 12 pode sentir uma conexão com outros reinos. De fato, qualquer pessoa com o Sol na Casa 12 pode ter habilidades psíquicas marcadas porque iluminam lugares ocultos e invisíveis.

Nessa posição, o Sol traz à luz o material inconsciente reprimido, seja a mente individual psicológica oculta ou a do inconsciente coletivo. Você pode ter uma obsessão eterna pela introspecção. Quais revelações, arte e compaixão essa autoindagação inspira em você? Além disso, você pode se sentir conectado ao inconsciente coletivo, tecendo histórias com temas universais e arquetípicos ou servindo como porta-voz do zeitgeist. A maneira como esse material inconsciente é acessado varia de pessoa para pessoa, mas manter o controle de seus sonhos, dar tempo para sua imaginação vagar e desenvolver uma prática de meditação podem ser práticas particularmente poderosas para apoiar sua busca pelo inconsciente.

Você também pode ter uma paixão por descobrir o que está oculto. Certa vez, fiz uma leitura astrológica para um indivíduo com Sol na Casa 12 que filmava um documentário sobre cidades e povos esquecidos. O que está escondido ou esquecido que você deseja destacar?

Esse posicionamento pode significar que você se sente mais no fluxo quando está isolado, realizando atividades que o façam se sentir mais realizado (consulte seu signo solar no Capítulo 1 para obter mais informações sobre quais atividades o energizam). Isso não quer dizer que não goste de interações sociais, mas você é mais vital e expressivo na solidão. Talvez crie seu melhor trabalho quando deixado sozinho com seus próprios pensamentos.

DECODIFICANDO A CASA ONDE ESTÁ SEU SOL

+ Que reinos ocultos você deseja iluminar?

+ Você trabalha melhor isolado?

+ O que você mantém escondido, secreto e pessoal que dá vitalidade à sua vida?

+ Que conexão você sente com os sonhos e reinos espirituais?

+ Qual é a sua relação com a intuição?

+ Como você serve ao atuar como canal para a sabedoria oculta?

DECODIFICANDO AS ESTRELAS
Albert Einstein

Data de nascimento 14 de março de 1879
Horário de nascimento 11h30
Local de nascimento Ulm, Alemanha

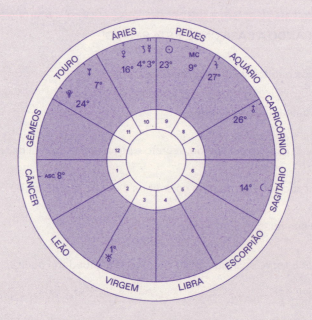

ALBERT EINSTEIN nasceu com o Sol em Peixes na Casa 9. Nesse posicionamento, o Sol pode significar alguém que brilha e é mais energizado por erudição, estudo, pesquisa, publicações e ensino. Físico ganhador do Prêmio Nobel, autor de vários livros e mais de 140 artigos científicos, Einstein é professor e considerado o físico mais influente do século xx, tendo expressado plenamente a energia do Sol na Casa 9.

Entender como ele manifestou sua energia do Sol em Peixes pode parecer menos óbvio. Peixes é um signo de sonhos, imaginação, arte, intuição e espiritualidade. Ele entende a relação do micro com o macro, do indivíduo com o universo, e sabe que existe uma arquitetura maior e invisível subjacente a todas as coisas. Peixes se esforça para entender e experimentar essas grandes verdades usando sua intuição como conexão com o Divino.

Em seu trabalho, Einstein procurou entender a natureza do universo e expressar essa verdade por meio da linguagem da matemática e da física. Como um verdadeiro pisciano, não foi prejudicado pela sabedoria convencional ou pelo estabelecimento científico, mas confiou em sua imaginação para guiá-lo a formas revolucionárias de pensar e teorias inovadoras. Em uma entrevista de 1929 para o jornal *The Saturday Evening Post*, Einstein enfatizou a importância da intuição e da inspiração em seu processo. Ele acreditava que o conhecimento é limitado e que a imaginação é necessária para inventar novas teorias a serem testadas. Comparou seu trabalho ao de um artista, e não apenas ao de um cientista. Nessas ideias, podemos ver a influência da natureza pisciana em sua abordagem do trabalho na Casa 9. Outro físico com Sol na mesma Casa em outro signo do zodíaco provavelmente teria uma visão de mundo e experiência diferentes. No entanto, sem entrevistas e reflexões autobiográficas, como obteríamos esse insight sobre a verdadeira natureza de Einstein e sua abordagem do trabalho de sua vida? Ser um físico e tentar desenvolver uma teoria unificada que descrevesse a conexão inerente entre todas as coisas foi um meio de expressar sua natureza pisciana. A qualidade essencial de Peixes é o desejo de dissolver limites e revelar como todas as coisas estão inter-relacionadas.

Quando você decodifica seu signo solar e sua casa, a informação mais importante que fornecem são as qualidades essenciais de sua natureza expressas em tudo o que você faz, em vez de indicar alguma tarefa específica. Encontrar trabalho, dificuldades e relacionamentos que permitam a você expressar plenamente sua natureza essencial é uma parte fundamental para identificar o propósito de sua vida.

Decifrando o código
Sua essência

SEU SIGNO SOLAR

Que partes descritas sobre seu signo solar ressoam você?

+ + + + + + + + + + + + +
+ + + + + + + + + + + + +
+ + + + + + + + + + + + +
+ + + + + + + + + + + + +

Como você brilha? O que o energiza?

+ + + + + + + + + + + + +
+ + + + + + + + + + + + +
+ + + + + + + + + + + + +
+ + + + + + + + + + + + +
+ + + + + + + + + + + + +

Quais atividades em sua vida pessoal ou profissional ressoam o estilo do seu signo solar?

+ + + + + + + + + + + + +
+ + + + + + + + + + + + +
+ + + + + + + + + + + + +
+ + + + + + + + + + + + +
+ + + + + + + + + + + + +

A CASA ONDE ESTÁ O SOL

Ao considerar a casa onde está seu Sol, como você brilha nessas áreas da vida?

+ + + + + + + + + + + + +
+ + + + + + + + + + + + +
+ + + + + + + + + + + + +
+ + + + + + + + + + + + +

Que atividades em sua vida pessoal ou profissional ressoam os tópicos de sua posição na casa do Sol?

+ + + + + + + + + + + + +
+ + + + + + + + + + + + +
+ + + + + + + + + + + + +

Quando você se sentiu no fluxo durante as atividades que correspondem à casa onde está seu Sol?

+ + + + + + + + + + + + +
+ + + + + + + + + + + + +
+ + + + + + + + + + + + +
+ + + + + + + + + + + + +

SIGNO + CASA

Quando e onde você se sente mais em fluxo?
Quais atividades são mais satisfatórias, mesmo que sejam difíceis de ser concluídas?
Como essas atividades ressoam seu signo solar e a casa onde está o Sol?
Como você pode alocar mais tempo e energia para essas atividades?

Quando você se sente mais esgotado?
Como essas atividades parecem desalinhadas com seu signo solar e sua casa?
Como você pode reduzir esses tipos de atividades em sua vida?

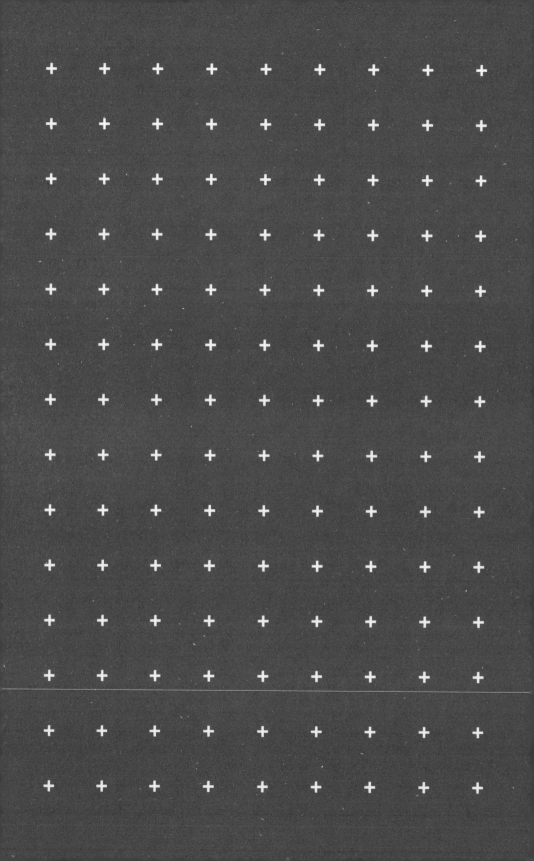

Sua motivação

O sol é a sua essência, a assinatura energética vital e a força gravitacional em torno da qual giram seus outros atributos. Como (seu signo solar) e onde (a casa onde está o Sol) você brilha e se sente energizado influenciam as ações que você se sente chamado a tomar nesta vida. Mas seu mapa natal fornece muito mais informações sobre o que o motiva e o que deve fazer aqui. Tão único e complexo quanto cada indivíduo, um mapa natal é rico em informações. Depois de entender o posicionamento do seu Sol, a próxima grande faceta do seu mapa a decodificar é o signo do seu Ascendente.

O **signo Ascendente** refere-se ao signo zodiacal que ascendia no horizonte oriental no momento do seu nascimento. O Sol nasce no Leste, iniciando o dia. Da mesma forma, o signo Ascendente comunica-se com a energia que o incita à ação. É ele que o impulsiona. Mas para onde você está sendo conduzido? A posição da casa do seu **regente do Ascendente** descreve a direção da sua vida.

Nesta parte, vamos mergulhar no signo Ascendente e no posicionamento do regente do Ascendente para desvendar as complexidades de sua motivação e direção de vida.

3
O signo Ascendente
O que motiva você

O SIGNO ASCENDENTE é um aspecto profundamente pessoal em seu mapa natal. O Sol permanece no mesmo signo por cerca de trinta dias, mas o signo Ascendente muda a cada duas horas, à medida que a Terra gira rapidamente em seu eixo. Portanto, embora todos os nascidos em um período de trinta dias tenham o mesmo signo solar, o signo Ascendente muda rapidamente. Quando você respirou pela primeira vez, sua vida separada de sua mãe começou, você se tornou um indivíduo. E aquele signo que surge no horizonte oriental fala dessa energia inicial. O que você incita e motiva está encapsulado no signo Ascendente.

Os antigos astrólogos helenísticos se referiam ao signo Ascendente como o "leme do mapa", referindo-se ao objeto que dirige o navio. O signo Ascendente comunica-se com a energia, os tópicos e as ações que motivam e direcionam você. Neste capítulo, vamos considerar seu signo Ascendente, sua motivação e impacto em seu propósito de vida.

O signo Ascendente é crucial para o seu mapa natal, pois o organiza. Esse signo sempre ocupa a Casa 1 no mapa, e cada casa seguinte é ocupada pelo signo subsequente do zodíaco. Olhando para o seu mapa natal, identifique a sua Casa 1 e observe o signo zodiacal que a ocupa.

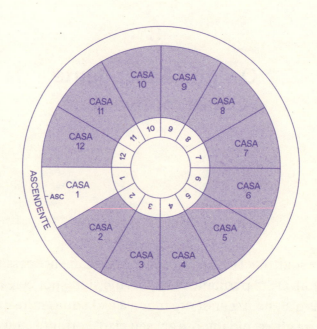

Assim como no signo do Sol, precisamos considerar dois aspectos do signo Ascendente: elemento e modalidade.

O **elemento** do signo Ascendente descreve se sua motivação é:
- ▽ Terra   segurança material e realizações tangíveis
- △ Ar   curiosidade intelectual e comunicação
- ▽ Água   relacionamentos significativos, segurança emocional e intimidade
- △ Fogo   liberdade para viver sua vida e cumprir sua vontade

A **modalidade** do signo Ascendente indica se você está motivado para:
- ⋀ Cardinal   iniciar a ação e liderar
- ⊟ Fixo   estabilizar situações e persistir
- ⌒ Mutável   ser energizado pela liminaridade e servir como agente de mudança

Ao pensar nos momentos em que você se sentiu mais motivado, de que forma o elemento e a modalidade do signo Ascendente entraram em ação? Ao ler a descrição do signo do seu Ascendente, considere como o elemento e a modalidade influenciam sua motivação no dia a dia. Por exemplo, se você tem Ascendente em Escorpião (Água/Fixo), como se motiva a manter, sustentar e persistir? Em que aspectos você é incansável? Em quais é teimoso? Como sua inteligência emocional, intuição e conexões emocionais direcionam e motivam sua vida? Os memes da astrologia podem brincar sobre a intensidade de Escorpião em cavar os segredos mais profundos e sombrios dos outros, mas sua tenacidade incansável expressa a natureza fixa do signo, e a necessidade de honestidade emocional manifesta o elemento Água. Como a modalidade e o elemento aparecem para você?

Além do elemento e da modalidade, cada signo descreve diferentes fatores motivadores. Ao ler sobre seu signo Ascendente, o que ressoa você e o que não?

....

SUA MOTIVAÇÃO

Preencha os espaços em branco com informações de seu próprio mapa natal.

Signo Ascendente: ....
Elemento do signo Ascendente: ....
Modalidade do signo Ascendente: ....

Regente do Ascendente

No próximo capítulo, decodificaremos o posicionamento do regente do Ascendente em seu mapa. Cada signo tem um planeta regente ou um luminar. Aliás, três signos (Peixes, Aquário e Escorpião) têm dois regentes — um tradicional e um moderno. Durante a maior parte da longa história da astrologia, os astrólogos trabalharam apenas com os luminares e planetas visíveis (Sol, Lua, Mercúrio, Vênus, Marte, Júpiter e Saturno). O regente tradicional é o planeta visível, atribuído a esses três signos antes de Urano, Netuno e Plutão serem descobertos. Para fins de decodificação do posicionamento do regente do Ascendente, consideraremos apenas o posicionamento do regente tradicional. O raciocínio por trás disso será discutido no Capítulo 4, mas, para sua referência, o regente tradicional do signo será listado em cada entrada deste capítulo.

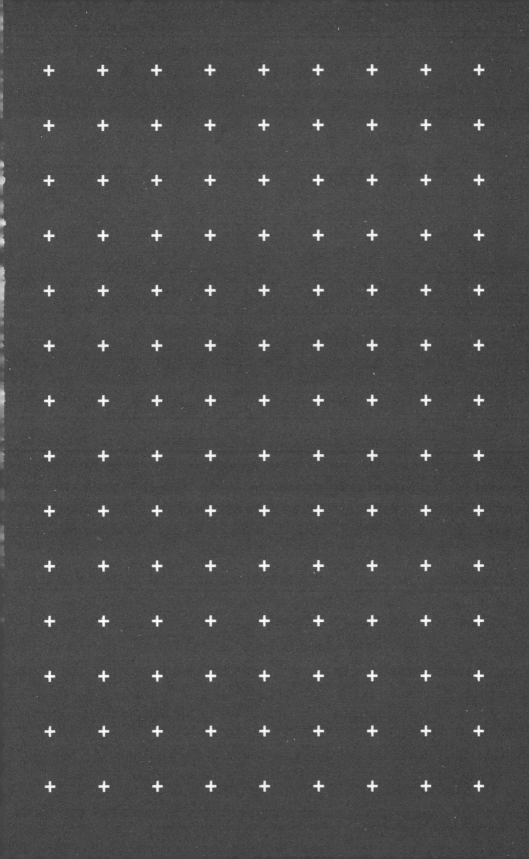

Ascendente em Áries

Motivado a...
Iniciar
Defender e vencer
Abrir caminhos sozinho
Priorizar o eu e o individualismo

Como um signo de Fogo Cardinal, o Ascendente em ÁRIES é motivado a iniciar a ação e liderar o ataque. Ele odeia ficar ocioso: sempre há uma nova inspiração para a ação, uma nova atividade para enfrentar. Geralmente, você conhece sua própria mente e é decisivo, excluindo outros fatores propensos à indecisão, como um Sol em Libra. Não significa que seus planos sejam sempre bem pensados ou o curso de ação, correto, mas sim que seu impulso para agir pode anular a vontade de deliberar. Há uma quantidade substancial de energia para iniciar novos projetos, embora a capacidade de levá-los até o fim dependa de você ter planetas em Terra ou signos Fixos para ajudá-lo.

Como a lança de Marte, afiada e pontiaguda, você pode ser impressionantemente direto, cortando a linha de frente, a burocracia ou uma conversa tediosa para ir ao cerne da questão. Você pode se sentir particularmente motivado a ter ou defender algo, especialmente a si mesmo. Áries no Ascendente é uma energia ferozmente independente. Você valoriza seu arbítrio e exige que os outros também o honrem. Esse Ascendente pode ser um grande líder ou empreendedor, porque não requer a validação de ninguém para começar. Isso não significa que Áries se oponha a receber ordens. Ele pode ser um bom soldado, desde que o general seja alguém que possa respeitar. Sua motivação pode ser mais sobre o desejo de agir do que o de tomar decisões ou criar estratégias, portanto, deixar esse trabalho para um líder confiável pode livrá-lo do tédio da liderança e levá-lo de volta à ação.

ENTENDENDO A SUA MOTIVAÇÃO

+ Que causas você está defendendo?

+ Quais os impedimentos para dar o pontapé inicial no trabalho ou em sua vida pessoal? Como você pode mitigar os obstáculos para começar?

+ Ao pensar no propósito de sua vida, como sua vontade de começar é considerada?

REGENTE ♂ MARTE

+ Observe a casa em que seu Marte está para ver a direção de seu impulso guerreiro orientado para a ação.

Ascendente em Touro

Motivado a...
Construir
Crescer
Viver com luxo
Embelezar

Como um signo Fixo de Terra, o Ascendente em TOURO é uma energia de estabilização, persistência, crescimento a longo prazo. Embora regido por Vênus, deliciando-se com os prazeres do momento, Touro também entende que qualquer coisa que valha a pena fazer deve ser da forma correta, e isso leva tempo. Existe beleza e prazer em cada etapa de um projeto. Você não será apressado. Com Touro como seu signo Ascendente, você pode achar um pouco difícil começar uma nova tarefa, especialmente se ela não ativar um de seus principais impulsos para construir, estabilizar ou embelezar. Existe uma inércia para você, seja para ficar em repouso ou em um caminho definido. Mudar de curso ou começar pode exigir força significativa, mas, uma vez em movimento, você continua com um compromisso incansável.

Em última análise, porém, o que mais motiva o Ascendente em Touro é desfrutar dos prazeres, especialmente os simples: boa comida, espaços bonitos, música comovente, tecidos suntuosos. Você ama seus hobbies, sujar as mãos, fazer ou cultivar algo.

Independentemente do prazer em que você se envolve, a principal motivação é aproveitar o processo e persistir. Isso nem sempre significa ação. Ao cultivar a terra para a colheita, há momentos de grande atividade (preparar a terra, semear, fazer a colheita), de manutenção (cuidar da cultura em crescimento) e de descanso e conforto (deixar o pousio no inverno). Entenda que seu estilo de motivação, mesmo como um signo Fixo de Terra, não significa labuta interminável e produção incessante. Persistência não significa o mesmo nível de esforço continuamente, mas sim ver as coisas até o fim e não desistir.

ENTENDENDO A SUA MOTIVAÇÃO

+ De que forma você fica motivado para criar? Quais são seus hobbies favoritos?

+ Como seu impulso criativo dá propósito à sua vida, mesmo que seja apenas para proporcionar prazer pessoal?

+ Quais são os ciclos de sua motivação? Você pode honrá-los em vez de julgá-los? Consegue trabalhar com as estações do seu impulso?

+ Ao pensar no propósito de sua vida, como o prazer e a criação de beleza são considerados?

REGENTE ♀ VÊNUS

+ Observe a casa em que sua Vênus está para ver a direção de seu desejo de embelezar e construir.

Ascendente em Gêmeos

♊

Motivado a...
Ser curioso
Investigar
Divulgar conhecimento

Nenhum signo mutável abomina mais a estagnação do que GÊMEOS. Por ser do elemento ar, a aversão à monotonia é sobretudo focada em atividades intelectuais. Gêmeos é um signo infinitamente curioso. Como Ascendente, é voraz por informações e novidades. Uma pergunta gera outra, e você gosta de investigar cada novidade sem parar. Seu cérebro está ocupado, excitado e entusiasmado. Regido por Mercúrio, de pés velozes, há ritmo em seu pensamento enquanto a mente salta de uma pedra para outra ao longo de sua jornada cerebral. Isso não significa que você não tenha capacidade de se concentrar ou ser diligente, especialmente se tiver vários posicionamentos em signos de Terra. Em vez disso, ter Gêmeos como Ascendente constitui a motivação pelo desafio intelectual, a liberdade e a variabilidade.

Em termos de trabalho, quanto mais variabilidade intelectual e rigor você conseguir reunir, melhor. É improvável, porém, que só a sua profissão sossegue a coceira de sua mente curiosa, portanto, reservar tempo para hobbies e relacionamentos que considera estimulantes será importante para sua felicidade. Você pode descobrir que tem alguns domínios de conhecimento de interesse particular, vastos e complexos o suficiente para mantê-lo desejando mais. Uma habilidade particular de Gêmeos é a capacidade de combinar e sintetizar ideias díspares. Ao considerar os domínios do conhecimento mais atraentes para você, existem novas combinações deles que poderiam acrescentar algo novo ao mundo? Um cuidado com o Ascendente em Gêmeos é que a energia para pensar está sempre presente e, sem se envolver em avenidas para percorrer, a mente pode tender a pensar demais ou ser autocrítica.

ENTENDENDO A SUA MOTIVAÇÃO

+ O que você está mais motivado a aprender e discutir?

+ Onde em sua vida você precisa de variabilidade para se sentir satisfeito?

+ Ao pensar sobre o propósito de sua vida, como sua motivação influencia para aprender e ser desafiado intelectualmente?

REGENTE ☿ MERCÚRIO

+ Observe a casa em que seu Mercúrio está para ver a direção da sua curiosidade na vida.

Ascendente em Câncer

♋

Motivado a...
Cuidar
Promover a comunidade
Criar relacionamentos significativos

Com CÂNCER como seu Ascendente, você é motivado a criar e cuidar da comunidade. Para você, as pessoas que escolheu são uma família, e você cuida delas com impressionante capacidade de amar. Ter Ascendente em Câncer pode motivá-lo a criar muitas ou grandes comunidades, ou um grupo pequeno e íntimo. O que o motiva é a intimidade emocional e o sentimento de conexão com as pessoas que você escolheu. Esse desejo de criar relacionamentos significativos se manifestará de maneira diferente em contextos pessoais e profissionais, mas o impulso subjacente para a conexão e o cuidado mútuo será o fio condutor de tudo o que você fizer.

Regido pela Lua, Câncer é um cuidador talentoso, intuindo as necessidades dos outros e sendo motivado a cuidar e apoiar. O cuidado muitas vezes é difamado na cultura ocidental, então você pode recuar com essa afirmação. Talvez até tenha tido que reprimir esse aspecto de sua natureza para se adequar a características mais valorizadas socialmente. Mas em um mundo autocentrado e egoísta, o superpoder do Ascendente em Câncer é que ele se importa. Você pode trazer esse cuidado para qualquer tipo de trabalho e relacionamento. Em quais relações e atividades você sentiu sua capacidade de nutrir como significativa para você e valorizada pelos outros? Em que casos você sentiu que doou demais ou deu as coisas como certas?

Para as pessoas com Ascendente em Câncer, há uma dificuldade de assimilar que nem todos abordam os relacionamentos com a mesma compreensão intuitiva e que estão comprometidos em cuidar de igual forma e intensidade que você. Isso pode levá-lo a sentir que seus relacionamentos estão desequilibrados e que não é valorizado. É essencial trabalhar com limites que protejam sua energia para que você não se doe muito, mas também comunicar suas expectativas de cuidado aos entes queridos, assim todos estarão na mesma página.

ENTENDENDO A SUA MOTIVAÇÃO

+ Como o impulso para a intimidade emocional aparece em sua vida pessoal e profissional?

+ Como a capacidade de se conectar com outras pessoas é um superpoder?

+ Em que contextos sua compaixão e cuidado são valorizados?

+ Ao pensar no propósito de sua vida, como a construção de uma comunidade e o cuidado com os outros são considerados?

REGENTE ☾ LUA

+ Observe a casa em que sua Lua está para ver a direção do seu impulso de nutrir na vida.

Ascendente em Leão

♌

Motivado a...
Brilhar autenticamente
Entreter
Ser reconhecido

Ter LEÃO como seu Ascendente significa que você está motivado para performar e ser reconhecido por isso. Como Leão é regido pelo Sol, tal aspecto significa que tanto o signo como a casa são igualmente importantes. Ser reconhecido por tudo que o Sol em seu mapa convida a expressar motiva mais você. Não significa que você precisa de um grande palco ou que deseja aplausos vazios, pois tem algo significativo para compartilhar e aprecia o reconhecimento por essa contribuição.

Embora o autoengrandecimento seja aparentemente onipresente nesta era de mídia social, um dos desafios do Ascendente em Leão constitui também em enfrentar o julgamento generalizado em relação à sua audácia de ocupar espaço e reivindicar os holofotes, especialmente para aqueles em grupos anteriormente privados de direitos da cultura dominante. Só porque você se sente motivado pelo reconhecimento de como o seu Sol brilha, não significa que não tenha internalizado a vergonha social desse impulso. Essas emoções contraditórias podem deixá-lo em conflito e insatisfeito.

Ao considerar seu signo solar e sua casa (Parte I), quando você se sentiu mais no fluxo e com mais energia na frente dos outros? Qual tipo de performance prefere? Que reconhecimento é importante para você e de quem? É possível, com esse posicionamento, depender demais dos elogios dos outros para seu senso de identidade. Você também pode ser muito arrogante e cheio de si. Mas, em minha experiência, a maioria das pessoas luta contra a dúvida, a pressão para ser modesta e pequena e o medo do ridículo ou da rejeição. Não é para isso que você está aqui, e sim para brilhar, ser ousado, generoso e magnânimo. Você está aqui para ocupar espaço e encontrará seu público quando brilhar sua luz linda e única.

ENTENDENDO A SUA MOTIVAÇÃO

+ Como o reconhecimento motiva você?

+ Por qual tipo de atuação, trabalho ou atividade você deseja ser respeitado e admirado?

+ Que contribuição a sua autoexpressão autêntica traz para o coletivo e como isso é significativo para você e para os outros?

+ Ao pensar no propósito de sua vida, pelo que você deseja ser reconhecido?

REGENTE ☉ SOL

+ Observe a casa em que seu Sol está para ver em sua vida qual é a direção do seu desejo de brilhar.

Ascendente em Virgem

♍

Motivado a...
Discernir
Aperfeiçoar
Refinar e organizar

Sendo VIRGEM seu Ascendente, sua principal motivação é melhorar e aperfeiçoar. Regido por Mercúrio, que representa a acuidade mental e a comunicação, você é motivado a entender, analisar, avaliar, julgar. Usa suas impressionantes habilidades de discernimento para avaliar qualquer situação e planejar o melhor curso de ação. Você cria planilhas, faz a lista de tarefas, deseja entender. Cada pedaço de informação pertence ao seu lugar e deve caber em seu esquema. Você é motivado a fazer as coisas terem sentido.

Enquanto Gêmeos — seu companheiro regido por Mercúrio — refere-se à proliferação de ideias, você trata da avaliação e classificação delas. Sua natureza terrena busca resultados tangíveis e identificáveis para toda a ginástica mental em que se envolve. Você ainda é motivado por uma energia mutável, portanto não é tão intratável quanto os outros signos de Terra podem ser. Não se satisfaz com as coisas como elas estão. Está constantemente pressionando por mudanças. Não pode se contentar em admirar um problema, você procura resolução, clareza e correção.

Virgem também é um signo de serviço, então você pode sentir um forte impulso a usar seus poderes de resolução de problemas para ajudar os outros. Pode ser por meio de uma modalidade de cura, como medicina ou psicologia. Você quer que seu trabalho signifique alguma coisa. Não se importa apenas com a perfeição em si, portanto, empregar suas habilidades para melhorar a vida dos outros é sobretudo gratificante.

Um desafio para esse Ascendente é não saber quando parar. Tudo pode ser melhorado. Sempre há outra tarefa a ser concluída. Cada pensamento, argumento ou plano pode ser reavaliado. Quando fica sem coisas para dissecar, você pode acabar voltando seu olhar aperfeiçoador para si mesmo ou para os entes queridos, procurando problemas onde não existem. Desenvolver maneiras de aquietar a mente, talvez por meio de exercícios ou práticas de *mindfulness*, será um tempo bem investido.

ENTENDENDO A SUA MOTIVAÇÃO

+ Onde você é mais chamado para melhorar e aperfeiçoar? Como ajuda os outros com suas habilidades?

+ Onde suas habilidades de discernimento e resolução de problemas são mais apreciadas?

+ Ao pensar sobre o propósito de sua vida, como seu impulso para a perfeição é considerado?

REGENTE ☿ MERCÚRIO

+ Observe a casa em que seu Mercúrio está para ver a direção de seu impulso de dissecar e aperfeiçoar.

Ascendente em Libra

♎

Motivado a...
Equilibrar
Mediar
Advogar pela justiça
Cultivar a beleza

Seu Ascendente em LIBRA o motiva a criar equilíbrio em todos os aspectos da vida: relações igualitárias, simetria balanceada na decoração da casa, paz entre amigos. Regido por Vênus – a deusa do amor, da beleza e da arte –, sua motivação gira em torno de um profundo desejo de harmonia. Como signo Cardinal, você é abençoado com iniciativa para novos empreendimentos e para assumir o comando. Como signo de Ar, seu domínio é mais cerebral do que seu companheiro regido por Vênus, o Touro de Terra. Enquanto Touro está interessado no sensual, valorizando a materialidade e a experiência da beleza, Libra se interessa pela estética artística e por todos os aparatos da expressão e troca culturais. Sem dúvida, Libra gosta de realizar e apreciar a beleza, mas se destaca no esforço intelectual da interseção de cultura, história e arte. Seu Ascendente em Libra o obriga a ser culto, informado e globalizado.

O equilíbrio libriano também se manifesta como o desejo de justiça e igualdade, que o influencia de diversas formas. Por exemplo, você aprecia quando as pessoas seguem a etiqueta social. Regras são importantes, pois, do seu ponto de vista, a adesão a elas gera paz e protege os outros de maus-tratos. Evitar a discórdia social é um grande motivador para você, mas a busca por justiça pode abranger sua comunidade ou talvez o mundo inteiro. Você pode se sentir impelido a usar sua mente brilhante para lutar contra a crise climática ou defender comunidades marginalizadas.

Sua principal questão, em termos de propósito de vida, constitui saber qual harmonia é mais importante para você. Que equilíbrio você mais deseja influenciar no mundo? Pode ser que queira criar harmonia como um músico em uma orquestra, ou mediador, ou talvez como um escritor chamando atenção para o aumento das disparidades econômicas e defendendo as regulamentações governamentais. Para você, harmonia reside na proporção apropriada — seja artística, intelectual ou nas leis. O que é equitativo, justo e certo?

ENTENDENDO A SUA MOTIVAÇÃO

+ Que tipos de equilíbrio, harmonia ou justiça o motivam?

+ Em que contextos suas habilidades de mediação são mais apreciadas?

+ Ao pensar no propósito de sua vida, como a equidade e a paz são consideradas?

REGENTE ♀ VÊNUS

+ Observe a casa em que sua Vênus está para ver a direção do seu impulso de harmonia, paz e equilíbrio na vida.

Ascendente em Escorpião

♏

Motivado a...
Descobrir a verdade
Facilitar a transformação
Chamar atenção para o que é tabu

Com o poder e a tenacidade de Marte, o Ascendente em ESCORPIÃO está motivado a falar a verdade doa a quem doer. Com uma pá em mãos, você está pronto para desenterrar assuntos difíceis e expor tudo para ser examinado. Nenhum tópico é tabu demais; quanto mais desconfortável, melhor. Você sabe que nada significativo acontece ou muda até que abandonemos as fachadas e as sutilezas e caiamos na real.

Escorpião é o signo que lida com a morte, transformação e renascimento. Você entende que tudo acaba e dessas cinzas algo novo pode começar. Você anseia pelo poder revelador da jornada do submundo, para si mesmo ou como um guia para os outros. Você os transporta pelo rio Estige, leva-os até o coração do inferno e depois retorna. Quando você se meteu na sujeira — para si mesmo ou para os outros? Como emprega esse superpoder de ter conversas difíceis e aceitar o desconforto? Como você facilita o fim de uma coisa e o nascimento de algo novo?

Sua natureza fixa não é de estagnação ou teimosia, mas de ter a capacidade de se manter centrado durante a convulsão tumultuada entre a destruição e a renovação. Você pode criar um espaço para outras pessoas no qual elas possam se dissolver e se remontar. Sua capacidade de profunda intimidade emocional é única e poderosa. Como você usará seus poderes para o bem?

Tudo isso soa muito intenso, justamente por sê-lo. Escorpião tem profundidade e intensidade emocional e intelectual. Mas não significa que você mostre isso para muitas pessoas. A ebulição pode estar submersa em seu exoesqueleto escorpiano, especialmente se o seu Sol estiver em um signo mais sério como Touro, Virgem, Capricórnio, Libra, Aquário. Sua capacidade de facilitar a mudança não precisa ser ostensiva. A principal motivação do Ascendente em Escorpião é o impulso para a verdade a fim de descascar as camadas até que o núcleo seja encontrado, ver o que está submerso. Tal imersão pode ocorrer em uma biblioteca, em um sítio arqueológico, durante a meditação, conversando com um amigo, discutindo um negócio. Onde você se sente chamado a avançar?

ENTENDENDO A SUA MOTIVAÇÃO

+ Onde você se sente compelido a buscar a verdade? Que conversas difíceis deseja ter e com que propósito?

+ Que finais você deseja facilitar? Como orienta términos, transformações e novos começos?

+ Ao pensar sobre o propósito de sua vida, como a sua tenacidade e capacidade de lidar com as verdades difíceis influenciam você?

REGENTE ♂ **MARTE**

+ Observe a casa em que seu Marte está para ver a direção de seu impulso de verdade e transformação na vida.

Ascendente em Sagitário

♐

Motivado a...
Procurar, experimentar e aprender.
Viver de forma otimista
Dar um salto no escuro

Sendo SAGITÁRIO seu Ascendente, você é motivado por um espírito otimista e aventureiro, pela alegria de buscar novas experiências e conhecimentos. Como signo Mutável, em parte, há a novidade e a emoção do desconhecido. Mas também é fundamental para a sua natureza uma atração irresistível a buscar a Verdade, com V maiúsculo. Uma das facetas de Júpiter, regente de Sagitário, é o arquétipo do filósofo. Parte de sua natureza é o desejo intelectual e espiritual de fazer as grandes perguntas. Quem sou eu? Por que estamos aqui? O que tudo isso significa? O que é o amor? Quem é Deus? É por meio de suas viagens intrépidas que você satisfaz tanto seu chamado insaciável para a aventura quanto o desejo de experimentar a verdade inefável.

Sem dúvida, a espiritualidade será atraente. Em sua busca pela verdade, você será chamado a buscar várias tradições de sabedoria e sistemas de crenças. É improvável que sua jornada espiritual favoreça sistemas religiosos rígidos. Em vez disso, você acredita que há verdade a ser aprendida em toda disciplina e fé. Tem a mente aberta e está interessado em experimentar as verdades subjetivas de diversos povos em diferentes contextos para descobrir a sabedoria subjacente e mais profunda que conecta a todos.

Como todos os signos de Fogo, você é movido pela paixão, exige liberdade e se satisfaz com a experiência. Provavelmente, vai detestar sentar, esperar, debater ou revisar. Você está pronto para sair e realizar. Abraçar sua natureza impetuosa e encontrar maneiras de reduzir os obstáculos à ação e aventura o ajudará a se sentir mais no fluxo.

Se você tem vários planetas colocados em signos de Ar ou se Júpiter está na Casa 3 ou na Casa 9, você pode considerar que as aventuras intelectuais são mais interessantes para você do que as expedições físicas, embora o aprendizado experimental provavelmente sempre seja um componente importante de sua vida.

ENTENDENDO A SUA MOTIVAÇÃO

+ Como o desejo de aventura motiva você?

+ Que aventuras fazem você se sentir mais vivo?

+ Quais são as grandes questões que o motivam?

+ Ao pensar sobre o propósito de sua vida, como a aventura é considerada?

REGENTE ♃ JÚPITER

+ Observe a casa em que seu Júpiter está para ver a direção de seu impulso aventureiro e otimista na vida.

Ascendente em Capricórnio

♑

Motivado a...
Alcançar
Conduzir
Persistir

Com CAPRICÓRNIO como Ascendente, você é motivado por conquistas. Estabelece metas e trabalha incansavelmente para alcançá-las. Como o planeta regente de Capricórnio, Saturno, você valoriza estrutura, organização e responsabilidade. Você se sente menos no fluxo sem métricas claras para o sucesso. Seja pessoal ou profissionalmente, você gosta de ter as regras de engajamento definidas e ter um mapa detalhado para a linha de chegada. A menos que você tenha vários planetas em signos mutáveis, provavelmente abominará trabalhos em que grande parte das atividades seja "a ser determinada" ou "outras responsabilidades conforme o cargo". Quanto mais você for capaz de definir metas em sua vida pessoal e profissional e tiver recursos e meios para alcançá-las, melhor você se sentirá.

Como signo Cardinal, seu Ascendente em Capricórnio o deixa ansioso para iniciar e liderar novos projetos que tenham resultados tangíveis. Devido à natureza terrena do seu signo Ascendente, você é motivado a se envolver no mundo material e obter segurança financeira. Enquanto outras colocações planetárias em seu mapa podem chamá-lo para uma vida da mente (Ar), relacionamentos (Água) ou ação e paixão (Fogo), seu Ascendente em Capricórnio enraíza firmemente o propósito de sua vida no mundo mensurável e substancial.

Você não tem medo de responsabilidade, abnegação e trabalho duro a serviço do seu objetivo. Persistência é o seu nome do meio. Isso não quer dizer que você não goste de filosofia ou de relaxar, mas sim que se sente mais inspirado e realizado quando define uma tarefa e a realiza. Quanto maior o objetivo, melhor. Existe um aspecto de Capricórnio que aprecia o reconhecimento. Não necessariamente no sentido de aplausos de Leão, mas, mais especificamente, no reconhecimento de que atingiu seu objetivo. Como um signo de Terra mais focado no mundo material, as metas de sucesso que você define podem ser mais tradicionais (diplomas, promoções, compra de uma casa etc.).

ENTENDENDO SUA MOTIVAÇÃO

+ Quais objetivos de vida tangíveis são importantes para você?

+ Quais você alcançou e quais você está mais motivado para alcançar?

+ O que significa segurança material para você? Que segurança você já conquistou e quais são seus objetivos de longo prazo?

+ Ao pensar sobre o propósito de sua vida, como a realização é considerada?

REGENTE ♄ SATURNO

+ Observe a casa em que seu Saturno está para ver a direção de seu desejo de realização na vida.

Ascendente em Aquário

Motivado a...
Entender o panorama
Adotar uma abordagem única
Influenciar o coletivo

Sendo AQUÁRIO seu Ascendente, você é motivado a entender o panorama e apresentar soluções únicas. Você tem o dom de desemaranhar emoções que podem turvar as águas, permitindo-lhe formular conclusões de forma imparcial. Prefere trazer uma visão calma e clara para uma situação e, no verdadeiro estilo saturnino, desenvolver uma solução metódica. Você é um pensador de sistemas, um estrategista e um inovador.

Encontrar os tipos de problemas que você mais gosta de resolver será a chave para determinar o propósito de sua vida. Pense nos momentos em que precisou resolver problemas complexos. Quando se sentiu no fluxo? O que foi bom e favorável nessas circunstâncias? O que parecia sufocante? Quem você mais deseja ajudar com sua capacidade de resolução de problemas? Existe um aspecto comunitário de Aquário que pode motivá-lo a agir a serviço de um grupo maior ou da humanidade como um todo.

Muito do que existe permanece por causa da inércia. Derrubar formas antiquadas de pensar e se comportar parece impossível, e Aquário é o único adequado para identificar e erradicar o que é obsoleto. Você naturalmente se irrita em manter sistemas ineficientes por causa de tradição. Que revoluções deseja começar? Quais sistemas antiquados você almeja derrubar?

Aquário busca liberdade para agir. Há algo de rebelde ou estranho nele. Além de protestar contra costumes arcaicos em nível sistêmico, seu impulso para a rebelião pode ser mais pessoal. Você pode escolher seu próprio caminho, independentemente das expectativas de sua família ou sociedade. Pode significar, então, ter uma aparência, um plano de carreira ou uma identidade únicos, que estão fora do que é considerado padrão social tradicional. Considere como ser fiel à sua singularidade motiva suas escolhas de vida, ações e senso de propósito.

ENTENDENDO SUA MOTIVAÇÃO

+ Quando você se sentiu mais satisfeito ao empregar suas habilidades de resolução de problemas?

+ Quais sistemas, crenças ou tradições obsoletos deseja revolucionar?

+ Ao pensar sobre o propósito da sua vida, como considera a inovação?

REGENTE ♄ SATURNO

+ Observe a casa em que seu Saturno está para ver a direção do seu impulso de inovar e reestruturar na vida.

Ascendente em Peixes

♓

Motivado a...
Conectar
Dissolver limites
Conhecer e comunicar a verdade divina

Sendo PEIXES seu Ascendente, você é motivado pelo desejo de se conectar e permitir a todos que sintam uma conexão universal. A energia de Peixes é a da Unidade Divina. É a dissolução do eu para perceber a verdade de que a separação é uma ilusão e estamos todos sempre conectados. Essa unidade pode ser experimentada de várias maneiras: por meio da meditação, da música, da arte, do amor ou da natureza. Peixes, mais que qualquer outro signo, vive e busca essa sensação. Há beleza e sabedoria a serem encontradas aqui, e você está motivado a alcançar essa conexão ou a promovê-la para outras pessoas. É provável que você seja um poeta ou um sacerdote.

Observe o lugar de Júpiter em seu mapa para ver aonde esse impulso transcendental leva você. Júpiter é o planeta regente tradicional de Peixes e o imbui de uma fé poderosa; onde você a coloca depende de você. Júpiter é o arquétipo do filósofo, professor e sábio. Caçador da sabedoria, Júpiter motiva você a aprender as verdades do universo por meio do estudo e da experiência, e talvez também a compartilhar esse conhecimento com outras pessoas.

Considere os momentos que pareciam mais transcendentes. Quando você se sentiu mais conectado? Que situações facilitaram esse sentimento de conexão? Você se sente chamado a ajudar outras pessoas a acessarem a fé e a espiritualidade? Peixes quer que abandonemos, mesmo que por um momento, as identidades e ideologias que construímos para nos separar e vejamos a verdade de nossa interdependência e conexão. Como isso desempenha um papel motivador em sua vida?

ENTENDENDO SUA MOTIVAÇÃO

+ Por quais tipos de conexão você se motiva mais?

+ Como você se motiva pelo desejo de explorar verdades além das que podemos experimentar fisicamente?

+ Ao pensar sobre o propósito de sua vida, como a conexão e a transcendência influenciam?

REGENTE ♃ JÚPITER

+ Observe a casa em que seu Júpiter está para ver a direção de seu impulso de dissolver limites e se conectar na vida.

4
O regente do Ascendente
Para onde você é direcionado

O ASCENDENTE descreve o que o motiva na vida. O que move você. Os antigos astrólogos se referiam ao signo Ascendente como o leme do navio, ou seja, a maneira como é conduzido. Mas aonde você está sendo levado? Nessa metáfora náutica, o que dirige o navio da sua vida é o luminar ou planeta regente do Ascendente. Lembre-se do que leu em Decifrando o código: todo signo tem um luminar ou planeta que o rege (por exemplo, Áries é regido por Marte). A posição do regente do seu Ascendente é para onde o navio da sua vida é direcionado. Neste capítulo, vamos decodificar a localização da casa do seu regente do Ascendente e como isso afeta o seu propósito de vida.

O regente tradicional do Ascendente

Por milênios, os astrólogos tiveram apenas os sete luminares e planetas visíveis (Sol, Lua, Mercúrio, Vênus, Marte, Júpiter e Saturno) para considerar. Cada um desses sete corpos celestes foi designado como regente dos doze signos do zodíaco (consulte a tabela Regência Tradicional). À medida que mais planetas foram descobertos, os astrólogos atribuíram a cada um deles um signo zodiacal para reger.

Como resultado, três signos (Aquário, Peixes e Escorpião) têm dois regentes: um tradicional e outro moderno.

Para os propósitos deste capítulo e para decodificar o significado da idade da casa do governante do signo Ascendente, você deve considerar apenas o governante tradicional. A posição dos planetas modernos (Urano, Netuno e Plutão) move-se muito mais lentamente do que a dos planetas tradicionais. Como eles levam mais tempo para percorrer cada signo do zodíaco, seu significado é mais geracional do que pessoal.

No entanto, existem muitos astrólogos que discordariam dessa abordagem. Então, se você tem Ascendente em Aquário, Peixes ou Escorpião e se sente convocado pelo que eles descrevem, também pode ler a definição da casa para seu regente moderno. Como sempre, considere o que ressoa e deixe de lado o que não o faz.

REGÊNCIA TRADICIONAL

SIGNO	REGENTE TRADICIONAL
Áries	Marte
Touro	Vênus
Gêmeos	Mercúrio
Câncer	Lua
Leão	Sol
Virgem	Mercúrio
Libra	Vênus
Escorpião	Marte
Sagitário	Júpiter
Capricórnio	Saturno
Aquário	Saturno
Peixes	Júpiter

REGÊNCIA MODERNA

PLANETA	DESCOBERTO EM	REGENTE DE
Urano	1781	Aquário
Netuno	1846	Peixes
Plutão	1930	Escorpião

VELOCIDADE DOS PLANETAS

PLANETA	UM ANO*	TEMPO MÉDIO TRANSITANDO UM SIGNO ZODIACAL *±
Mercúrio	88 dias	Catorze dias
Vênus	225 dias	4,5 semanas
Marte	687 dias	6,5 semanas
Júpiter	Doze anos	Um ano
Saturno	Trinta anos	Dois anos e meio
Urano	84 anos	Sete anos
Netuno	165 anos	Catorze anos
Plutão	248 anos	Catorze a trinta anos

* Em dias, semanas ou anos da Terra.
± Um planeta passará mais tempo em um signo durante uma retrogradação.

A grande tríade

O posicionamento do Sol, Ascendente e Lua constitui os três principais elementos do seu mapa, descrevendo sua natureza e seu propósito mais fundamentais. A casa do seu Sol, os regentes do Ascendente que ele abriga e a casa da Lua, juntos, descrevem as áreas mais importantes da vida para você. Onde e como você vive o propósito de sua vida será uma mistura dos significados dessas três casas. Se o seu regente do Ascendente for o Sol (para quem tem Ascendente em Leão) ou a Lua (para quem tem Ascendente em Câncer), há uma ênfase adicional nos tópicos de sua casa do Sol ou da Lua, respectivamente.

Leia a descrição da casa do regente do seu Ascendente e, em seguida, verifique a seção **Decifrando o código: Sua motivação** para refletir sobre como seu Ascendente e seu regente ajudam a desvendar o propósito de sua vida.

....

A DIREÇÃO DA SUA VIDA

Preencha os espaços em branco com informações
de seu próprio mapa natal.

Ascendente: _____
Regente tradicional do Ascendente: _____
A casa do regente do Ascendente: _____

Regente do Ascendente na Casa 1

Direcionado para o eu e a identidade

O Ascendente está sempre NA CASA 1, portanto, ter seu regente do Ascendente na Casa 1 significa que ele se encontra em domicílio. Por exemplo, se você tem Ascendente em Virgem e tem Mercúrio em Virgem na Casa 1, então o regente do Ascendente está domiciliado. Esse posicionamento confere a ele poder adicional e os recursos de que necessita para se expressar plenamente.

A Casa 1 é a do eu e da identidade. Ter o regente do Ascendente posicionado aqui significa que sua vida é dirigida para você mesmo e para sua jornada pessoal — compartilhando sua história, focando o crescimento pessoal, seguindo seu próprio caminho, lutando por seus sonhos. Seu Ascendente (Capítulo 3) lhe dará informações sobre o estilo de autoindagação e expressão para o qual você está sendo direcionado.

Talvez você se sinta seguro ao saber que a direção de sua vida é desenvolver a si mesmo, mas, para muitos, talvez seja desconfortável reivindicar esse aspecto de seu mapa. Pode haver pressão social para priorizar os outros e ser modesto. Se você sente aversão a esse posicionamento, indague sobre essa reação. Que narrativas e valores sociais você internalizou sobre ocupar espaço e se priorizar? Como pode encontrar uma maneira de deixar de lado qualquer vergonha internalizada em se priorizar?

Outros aspectos do seu mapa podem parecer conflitantes com esse posicionamento. Por exemplo, se o seu Sol está na Casa 7, talvez você se sinta mais energizado quando realiza parcerias comprometidas e trabalha em colaboração. O que você precisa perceber é que ter sua vida voltada para a autoexpressão e o desenvolvimento não está em desacordo com se importar ou se relacionar com os outros.

DECODIFICANDO A CASA DO REGENTE DO ASCENDENTE

+ De que forma você é chamado a priorizar seu desenvolvimento pessoal?

+ Quão fundamental é reivindicar sua identidade única e autêntica para a jornada de sua vida?

+ Ao pensar sobre o propósito de sua vida, como ela é direcionada para a autoexpressão?

Regente do Ascendente na Casa 2

Direcionado para dinheiro, patrimônio e habilidades

A CASA 2 é o lugar das suas finanças, as habilidades com as quais você ganha dinheiro e de que forma o administra. Quando o regente do Ascendente se encontra aqui, sua vida direciona-se ao gerenciamento ou lucro. Sua vida pode ser voltada para o trabalho no setor financeiro, mas, geralmente, esse posicionamento indica que o seu propósito será realizado por meio do trabalho. Consulte a Parte IV deste livro para obter mais informações sobre sua Casa 2, incluindo uma discussão sobre as habilidades com as quais você ganha dinheiro e como elas ajudam no desenvolvimento de sua carreira.

Mais que apenas a importância do seu trabalho, ter o regente do Ascendente na Casa 2 mostra a importância da independência financeira em sua vida. Sua relação com finanças pessoais e autonomia financeira será um tema essencial para você. Qual é a sua relação com o dinheiro? Quais são as histórias sobre ele que internalizou? Desenvolver um relacionamento positivo com seu trabalho e dinheiro pode ser uma jornada transformadora e fortalecedora para você.

DECODIFICANDO A CASA DO REGENTE DO ASCENDENTE

+ Qual é o papel das finanças pessoais, da estabilidade monetária e da independência financeira em sua vida?

+ Você acha que alcançar a independência financeira é um componente decisivo para uma vida plena?

+ Como a motivação da sua vida, descrita pelo signo Ascendente (Capítulo 3), leva você ao seu trabalho e à sua autonomia financeira?

Regente do Ascendente na Casa 3

Direcionado para comunicação, comunidade local e irmãos

A CASA 3 é o local da comunicação. Independentemente da forma que seu signo solar o chame para brilhar ou que seu Ascendente o motive, você está sendo direcionado para a comunicação, que vem em muitas formas. Você pode atuar como professor, escritor, dançarino, ator, *podcaster*, vendedor ou ativista. Olhe para o signo da sua Casa 3 a fim de obter informações sobre como você é chamado para se comunicar. Seu signo solar (Capítulo 1) e casa (Capítulo 2) fornecem pistas sobre os assuntos que você está interessado em comunicar. Equilibrando todos esses aspectos, pense em quando se sentiu mais em fluxo de comunicação. Você estava sozinho pintando ou falando diante de um auditório lotado? O que comunicava? Qual era o seu conteúdo e finalidade? O que você mais gosta de compartilhar?

A Casa 3 também é a casa dos irmãos, da sua comunidade e educação (especialmente ensino fundamental e médio), então você pode se sentir atraído por essas esferas ao viver o propósito de sua vida. Talvez colaborar ou ter fortes laços com seus irmãos, ser ativo em sua comunidade local ou trabalhar com educação sejam as principais características de sua vida.

DECODIFICANDO A CASA DO REGENTE DO ASCENDENTE

+ Que mensagens deseja comunicar? Que conhecimento você quer ensinar?

+ Que conversas você deseja ter?

+ Com quais públicos você deseja se conectar?

+ Como a motivação da sua vida, descrita pelo Ascendente (Capítulo 3), leva você a se comunicar?

Regente do Ascendente
na Casa 4

Direcionado para o lar, a família e a linhagem

A CASA 4 é o lugar do lar, da família e da linhagem. Ter o regente do Ascendente nela direciona sua vida para as preocupações do lar. Isso pode se expressar como o desejo de construir um lar e uma família.

Qualquer que seja a atração em direção ao lar ou o tipo de lar e família que deseja criar, seu propósito está relacionado a esse lugar fundamental. Isso não significa que você não tenha uma carreira ou não goste de fazer coisas fora de casa — embora possa indicar que prefira trabalhar em seu lar. Em vez disso, esse posicionamento denota que as questões do lar e da família são um componente essencial do propósito de sua vida. Pode ser que você seja direcionado para questões domésticas em um sentido menos pessoal, talvez como assistente social trabalhando com famílias ou como designer de interiores, embelezando outros lares.

A Casa 4 também é o local de nossos ancestrais e laços com a linhagem pessoal. Você pode se sentir chamado a pesquisar o passado de sua família, ajudar outras pessoas a descobrirem a própria história ou curar feridas ancestrais; também a escrever romances ambientados em sua terra natal ancestral ou, ainda, para lutar por justiça pelos erros cometidos contra seus ancestrais.

DECODIFICANDO A CASA DO REGENTE DO ASCENDENTE

+ Que papel o lar e a família desempenham na vida que você deseja construir?

- Qual é a sua relação com a sua linhagem? Como seus ancestrais e tudo o que herdou deles exprimem seu senso de propósito?

- Como a motivação de sua vida, descrita pelo Ascendente (Capítulo 3), se relaciona com questões de lar, família e antepassados?

Regente do Ascendente na Casa 5

Direcionado para a criatividade e as crianças

A CASA 5 é o local da energia criativa em seu mapa. Onde seus filhos intelectuais, artísticos e físicos são concebidos, cultivados e nascidos. Ter o regente do Ascendente aqui significa que sua vida está voltada para o trabalho criativo, para o relacionamento com os próprios filhos ou para cuidar e trabalhar com crianças em geral.

A Casa 5 também é geralmente a casa do prazer e da diversão. Às vezes, esse prazer faz parte de um ato criativo, mas a Casa 5 também se preocupa com a criação dele como um fim em si mesmo. Você pode descobrir que sua vida está voltada para a busca do prazer ou para a criação de experiências agradáveis para os outros. Equilibre esse posicionamento com os tópicos da casa do seu Sol para obter uma imagem mais completa de como a criatividade, o prazer e/ou os filhos são essenciais para o propósito de sua vida.

DECODIFICANDO A CASA DO REGENTE DO ASCENDENTE

- Que papel a criatividade desempenha em sua vida?

+ Como os filhos influenciam o propósito de sua vida? Você tem (ou quer ter) filhos? Deseja trabalhar com crianças?

+ Como seus trabalhos criativos dão significado e propósito à sua vida?

Regente do Ascendente na Casa 6

Direcionado para o trabalho diário, hábitos e saúde

A CASA 6 é o local do trabalho do dia a dia e dos horários e hábitos que o facilitam. Também constitui o lugar da nossa saúde pessoal, que em grande parte é produto dos nossos hábitos diários. Ter o regente do Ascendente aqui significa que sua vida está voltada para o cotidiano. O propósito dela exige que você cultive seus hábitos e rituais diários. (Veja a Parte IV para mais informações sobre a Casa 6 e seu trabalho.)

Uma dádiva desse posicionamento é que sua motivação apoia seu trabalho diário e, em última análise, se você deseja realizar alguma coisa, deve viver um dia de cada vez e realizar uma tarefa de cada vez. Mas só porque o seu regente do Ascendente está aqui não significa que você tenha sua programação diária aprimorada para que seja produtiva e favorável. O que esse posicionamento o encoraja a fazer é focar em seu dia a dia e bem-estar físico, criando os hábitos necessários para viver do modo que deseja e alcançar seus objetivos.

DECODIFICANDO A CASA DO REGENTE DO ASCENDENTE

+ Quais são seus rituais, horários e trabalho diários? São caóticos ou você os cultivou para apoiar seus maiores objetivos de vida?

+ Que hábitos você estabeleceu para se manter saudável e que papel sua saúde física desempenha em seu propósito de vida?

+ Como a motivação da sua vida, descrita pelo Ascendente (Capítulo 3), leva você a se concentrar em seus hábitos diários e no trabalho?

Regente do Ascendente na Casa 7

Direcionado para a colaboração e parceria comprometida

A CASA 7 é o lugar da parceria comprometida (romântica, séria e de negócios). Ter o regente do Ascendente aqui indica que sua vida está voltada para a parceria. Viver o propósito de sua vida será uma questão de colaboração e, provavelmente, o resultado de muitos tipos diferentes de parceria.

Os relacionamentos sob a alçada dessa casa são principalmente entre duas pessoas, em que os participantes estabeleceram obrigações um para com o outro; seja tacitamente (como com amigos de longa data que desenvolveram papéis compreendidos ao longo do tempo, por exemplo) ou contratualmente (como em casamento ou negócios). Provavelmente, você se sente chamado a uma parceria significativa em sua vida pessoal e profissional. Estar em parceria, por si só, não é o propósito de sua vida, mas esse estado se destacará em como você vive seu propósito. Tal posição talvez indique a sua satisfação de trabalhar como terapeuta de casamento e família, agente, mediador, coach ou em outra profissão colaborativa. Amizades sérias ou uma parceria romântica também podem ser fundamentais para viver seu propósito.

DECODIFICANDO A CASA DO REGENTE DO ASCENDENTE

+ Quais foram suas principais parcerias e como elas contribuíram para a compreensão do propósito de sua vida?

+ Como a parceria ajuda a apoiar a maneira como você brilha, descrita pelo seu signo solar (Capítulo 1)?

+ Como a motivação da sua vida, descrita pelo Ascendente (Capítulo 3), leva você a se concentrar em suas parcerias?

Regente do Ascendente na Casa 8

Direcionado para recursos compartilhados, encerramentos e transformação

A CASA 8 é um local complexo e multifacetado no mapa natal. Tem muitos significados, e apenas alguns deles podem ressoar em você. É o lugar dos bens e recursos compartilhados, do dinheiro de outras pessoas e das dívidas (empréstimos, impostos e contas conjuntas, por exemplo, estão sob a alçada da Casa 8). Ter o regente do Ascendente colocado aqui pode indicar que você é direcionado para o gerenciamento dos recursos alheio. Fiz leitura de mapas para agentes literários e curadores de galerias de arte que tinham colocações destacadas na Casa 8, e eles viveram essa energia por meio da curadoria e gerenciamento da propriedade intelectual de outras pessoas.

Mas há muito mais nesta casa. É também o lugar da morte, transformação e renascimento. Assim, talvez você se sinta chamado a se envolver com esse ciclo como uma enfermeira do de hospital psiquiátrico, mas igualmente plausível também ser atraído para compostagem e jardinagem ou, quem sabe, para consultoria profissional, ajudando as pessoas no final e início de outra carreira. Existem diversos encerramentos e começos em nossas vidas, e a Casa 8 nos lembra disso.

Essa casa também é o lugar do luto e da doença mental. Se esse aspecto ressoa em você, talvez se sinta direcionado para o campo da saúde mental ou esta pode ser uma faceta importante do propósito de sua vida. É raro que alguém se envolva com todos os elementos da Casa 8 em igual medida, então provavelmente você ressoe de imediato com um aspecto dessa casa. Confie na sua intuição e lembre-se de que esse é apenas um elemento da tapeçaria maior do seu mapa natal e do código do seu propósito de vida.

DECODIFICANDO A CASA DO REGENTE DO ASCENDENTE

+ Caso haja, que papel o gerenciamento dos ativos de outras pessoas desempenha em sua vida?

+ Como finais, transformações e novos começos aparecem em sua vida e trabalho?

+ Como a motivação da sua vida, descrita pelo Ascendente (Capítulo 3), leva você a se envolver com os tópicos da Casa 8?

Regente do Ascendente
na Casa 9

Direcionado ao aprendizado, ensino, espiritualidade e viagens

---

A CASA 9 é o local de ensino superior, docência, divulgação e viagens de longa distância. Com o regente do Ascendente aqui, você é levado a aprender e compartilhar o que sabe. Seu chamado é para a busca. Com esse posicionamento, o propósito de sua vida pode levá-lo para longe ou talvez apenas para dentro da biblioteca, mas o ímpeto é o mesmo: aprender. Também diz respeito à docência, escrita, divulgação e ao discurso, além da disseminação de sua sabedoria. O que deseja compartilhar com o mundo? Como sua vida tem sido direcionada para aprender e ensinar? Você se sente chamado a pesquisar o quê?

Na Casa 9 também se encontra a espiritualidade e os sistemas de crenças. Trata-se do estudo do Divino (enquanto a Casa 12 pode ser mais apropriadamente o lugar onde experimentamos o Divino). Como sua vida tem sido direcionada para a prática e o estudo espiritual? Você já se sentiu chamado para ser um professor em assuntos espirituais? Como isso se mistura com os significados do seu signo solar e casa?

DECODIFICANDO A CASA DO REGENTE DO ASCENDENTE

+ Você se sente chamado a aprender o quê?

+ Qual é o papel do aprendizado para dar sentido à sua vida?

+ Você se sente chamado a ensinar ou compartilhar o quê? Como você se sente chamado a compartilhar (por exemplo, escrevendo, falando, atuando)?

+ Qual é o papel da espiritualidade em dar sentido à sua vida?

+ Como a motivação de sua vida, descrita pelo Ascendente (Capítulo 3), o leva a aprender, viajar, ensinar ou publicar algo?

Regente do Ascendente na Casa 10

Direcionado para a carreira e a vida pública

A CASA 10 constitui o ponto mais alto do seu mapa natal e, como o Sol do meio-dia, é onde você brilha mais visivelmente. Ela trata de sua vida pública e o que você faz para obter notoriedade e aclamação. Nela também se encontra a sua carreira, que poderíamos pensar como uma coleção com curadoria de todos os seus trabalhos públicos. Com o regente do Ascendente nessa casa, você é direcionado a viver o propósito de sua vida por meio da carreira. Enquanto a Casa 6 é o verdadeiro trabalho realizado no dia a dia, a Casa 10 é a história abrangente de seus empreendimentos profissionais coletivos. O que almeja realizar em sua carreira? Como deseja se diferenciar no mundo? Que aclamação você busca? Qual é o legado que você quer deixar? Consulte a Parte IV para obter mais informações sobre a Casa 10 e outros aspectos do seu mapa que falam sobre sua vida profissional.

DECODIFICANDO A CASA DO REGENTE DO ASCENDENTE

+ Como sua carreira dá significado e propósito à sua vida?

+ Pelo que você quer ser conhecido? Que legado deseja criar?

+ Como a motivação da sua vida, descrita pelo Ascendente (Capítulo 3), o conduz em sua carreira?

Regente do Ascendente na Casa 11

Direcionado para comunidades, amigos e patronos

A CASA 11 é o lugar da comunidade no mapa. Refere-se a grupos de amigos, fãs, nações para todo o coletivo humano. Com o regente do Ascendente aqui, sua vida é direcionada para o envolvimento ou a construção de uma comunidade. Essa posição geralmente se relaciona com a criação de seguidores, como ser celebridade, organizador comunitário ou político, ou estar em uma carreira que exige a construção de uma clientela.

Para quais comunidades você é atraído? Você é um pioneiro ou um facilitador? O que o motiva a construir uma comunidade (seu Ascendente)? Embora seja provável que esse posicionamento resulte em uma vida pública reunindo pessoas e estabelecendo seguidores, é perfeitamente possível que você construa uma comunidade, mas não viva aos olhos do público. A internet gera oportunidades de conexão e construção de comunidade sem a necessidade de socialização pessoal, portanto, se você se identifica como mais introvertido, saiba que esse posicionamento não requer extroversão extrema.

DECODIFICANDO A CASA DO REGENTE DO ASCENDENTE

+ Quais comunidades são mais importantes para você? Quais dão sentido à sua vida?

+ Como as comunidades que você constrói permitem que você brilhe no estilo do seu signo solar (Capítulo 1)?

+ Como a motivação da sua vida, descrita pelo Ascendente (Capítulo 3), leva você a se envolver ou criar uma comunidade?

Regente do Ascendente na Casa 12

Direcionado para a vida oculta, a mente inconsciente e a conexão com o divino

A CASA 12 é o lugar das coisas ocultas. Talvez isso reflita em aspectos de sua vida conduzidos em particular, como a arte que você cria para si mesmo. Também pode descrever as partes ocultas de si mesmo, como no inconsciente. Com o regente do Ascendente aqui, sua vida pode ser direcionada para fora dos olhos do público ou para uma autoindagação profunda. Além dos aspectos pessoais ocultos, porém, ter o regente do Ascendente na Casa 12 pode voltar sua vida para o envolvimento com coisas que estão ocultas da sociedade de forma mais ampla: pessoas encarceradas, populações marginalizadas, pesquisa ou prática psicológica, ou talvez envolvimento com o inconsciente coletivo e a interpretação do drama.

Possivelmente, essa posição também se interessa por aquilo que está invisível no sentido físico, como ser direcionado ao estudo de microorganismos ou partículas subatômicas. Essa casa também pertence à espiritualidade e aos reinos ocultos do espírito, do Divino e da vida após a morte.

DECODIFICANDO A CASA DO REGENTE DO ASCENDENTE

+ Como sua vida é direcionada para o que está oculto?

+ Como a solidão e a autorreflexão encorajam você a ter um senso de propósito em sua vida?

+ Como a motivação da sua vida, descrita pelo Ascendente (Capítulo 3), leva você a se envolver com os temas da Casa 12?

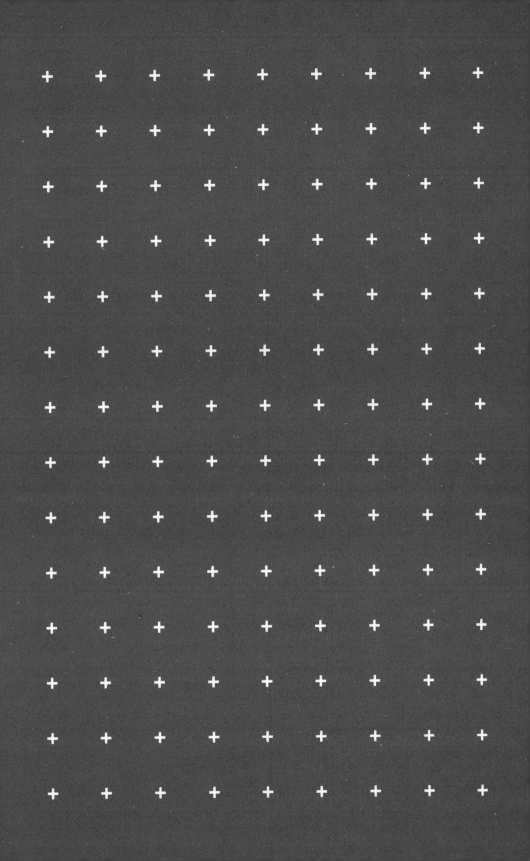

DECODIFICANDO AS ESTRELAS
bell hooks

Data de nascimento 25 de setembro de 1952
Hora de nascimento 20h57
Local de nascimento Hopkinsville, Kentucky

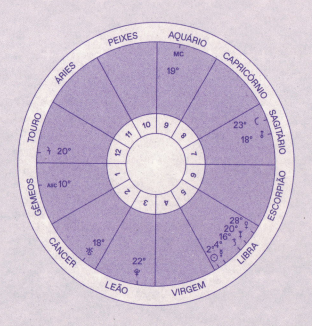

Feminista, ativista, pesquisadora, autora e professora, BELL HOOKS estava comprometida com uma vida intelectual que interrogava implacável e incisivamente as desigualdades sociais causadas pelo sexismo, racismo e desigualdade econômica. Sendo Gêmeos seu Ascendente, esperaríamos que ela vivesse uma vida mental, movida por uma curiosidade insaciável e interesse por uma variedade de assuntos.

Com o regente do Ascendente na Casa 5 (assim como seu Sol e vários planetas), a motivação de hooks para investigar e refletir foi direcionada para a criatividade, evidenciada pela escrita e outros empreendimentos criativos. A influência da multiplicidade de Gêmeos é vista na quantidade e amplitude de sua produção criativa: ela escreveu mais de trinta livros — incluindo pesquisas acadêmicas, poesia e livros infantis — e centenas de artigos; apresentou-se em conferências; deu entrevistas na televisão e na rádio, até no programa *Ricki Lake Show,* e apareceu em vários documentários.

Um dos principais objetivos de suas diversas saídas criativas era conectar sua mensagem a diversos públicos. Em uma entrevista de 1994 para a revista BOMB, hooks enfatizou a importância de usar diferentes abordagens para atingir variados públicos e efetuar mudanças. Seu foco no ativismo, igualdade e mudança social por meio de seus trabalhos criativos, e também fazendo críticas a outros trabalhos do gênero, é uma expressão de sua Casa 5 em Libra. Pesquisadora de estudos culturais, hooks frequentemente treinou as lentes críticas para o cinema, música, televisão e outras expressões artísticas da cultura popular a fim de desvendar questões sistêmicas maiores. A centralidade do seu trabalho para o propósito de sua vida relaciona-se com a posição de regente do Ascendente na Casa 5.

Decifrando o código
Sua motivação

ASCENDENTE

O que motiva você? Quais palavras-chave ou ideias da descrição do seu Ascendente ressoam em você? Quais não?

+ + + + + + + + + + + + + +
+ + + + + + + + + + + + + +
+ + + + + + + + + + + + + +
+ + + + + + + + + + + + + +

Quais atividades atuais em sua vida pessoal ou profissional se alinham com essa motivação e como você se sente quando se envolve nelas?

+ + + + + + + + + + + + + +
+ + + + + + + + + + + + + +
+ + + + + + + + + + + + + +
+ + + + + + + + + + + + + +

Para quais novas atividades você se sente chamado e como seu desejo de realizá-las se alinha com a motivação descrita pelo seu Ascendente?

+ + + + + + + + + + + + + +
+ + + + + + + + + + + + + +
+ + + + + + + + + + + + + +
+ + + + + + + + + + + + + +

ASCENDENTE + SIGNO SOLAR

Você se identifica mais com seu signo solar ou com seu signo Ascendente?

+ + + + + + + + + + + + + +
+ + + + + + + + + + + + + +
+ + + + + + + + + + + + + +
+ + + + + + + + + + + + + +

De que maneira seu signo solar e seu Ascendente trabalham juntos? De que forma a motivação do Ascendente apoia e aprimora o seu brilho?

+ + + + + + + + + + + + + +
+ + + + + + + + + + + + + +
+ + + + + + + + + + + + + +
+ + + + + + + + + + + + + +

De que maneiras signo solar e Ascendente entram em conflito ou se prejudicam? Como essa discórdia o prejudicou no passado? Você consegue pensar em maneiras de sintetizar esses atributos para ter mais alegria e fluxo?

+ + + + + + + + + + + + + +
+ + + + + + + + + + + + + +
+ + + + + + + + + + + + + +
+ + + + + + + + + + + + + +

REGENTE DO ASCENDENTE

Você sente que sua vida é dirigida pela energia e pelas qualidades arquetípicas do regente do Ascendente? Você é motivado pelos mesmos impulsos dele?

A CASA DO REGENTE DO ASCENDENTE + A CASA DO SOL

Como sua vida tem sido focada nos assuntos da Casa do Sol? E nos tópicos da casa do regente do seu Ascendente? De que maneira a direção e os temas de sua vida sintetizaram os temas de ambas as casas?

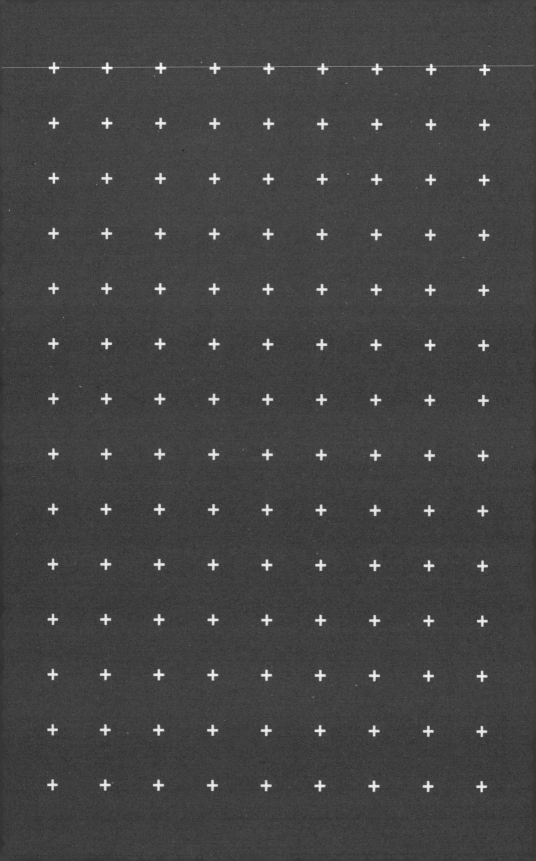

III
Seu bem-estar emocional

Até agora em nossa jornada, a fim de decodificar o propósito de sua vida, consideramos sua natureza essencial (Sol) e o que o motiva a agir (Ascendente). Viver uma vida com propósito, porém, tem uma faceta que muitas vezes é negligenciada: o bem-estar emocional. As pessoas conseguem o emprego dos sonhos, se apaixonam, criam famílias, partem em aventuras e tentam realizar todos os desejos, mas ainda assim o contentamento escapa pelos dedos. Emocionalmente, elas se debatem, lutando para encontrar o equilíbrio. Você pode superar todas as armadilhas de sua vida idealizada, mas, sem bem-estar emocional, achará difícil desfrutá-las plenamente.

O que faz você se sentir emocionalmente seguro e realizado? Como pode voltar a um lugar de paz emocional e estabilidade ao enfrentar emoções difíceis? Existem excelentes recursos da psicologia de regulação emocional, e qualquer pessoa se beneficiaria ao se aprofundar neles. Mas a astrologia também oferece uma visão sobre sua natureza e necessidades emocionais. Ao decodificar o posicionamento da Lua natal, você pode ter acesso a orientações para o cuidado do seu bem-estar emocional.

O signo da Lua natal descreve como você se sente emocionalmente seguro, protegido e satisfeito. A casa onde está a Lua se refere às áreas da vida em que você encontra satisfação emocional. Nesta seção, vamos nos aprofundar em seu signo e casa lunar para entender melhor sua natureza emocional e como ela é um elemento decisivo na decodificação do propósito de sua vida.

5

O signo lunar
Sua natureza emocional

A LUA é o corpo celeste mais próximo da Terra. Atrai os oceanos, a crosta terrestre e nossos próprios corpos com sua força gravitacional. Sua influência no mundo físico pode ser observada em fenômenos como as marés oceânicas diárias, mas um dos seus efeitos mais importantes em nosso planeta é menos aparente. A Terra está inclinada em um eixo de cerca de 23°, e a parte em direção ao Sol é mais quente do que a do lado oposto. O hemisfério que estiver inclinado em direção ao Sol, ou oposto a ele, muda conforme fazemos a jornada anual ao redor de nossa estrela, resultando nas estações do ano. No entanto, nossa inclinação axial não é fixa. A Terra se desloca para a frente, alterando o ângulo de inclinação em alguns graus ao longo de dezenas de milhares de anos.

Mesmo essa pequena mudança na inclinação da Terra tem grandes implicações para o clima global e é uma das principais causas das eras glaciais. Sem a influência da gravidade da Lua, a inclinação da Terra flutuaria de forma mais significativa, levando a variações calamitosas no clima do nosso planeta. A Lua, então, desempenha um papel fundamental na estabilização de nosso clima e na habitabilidade da Terra.

Da mesma forma, na astrologia, a Lua se refere à regulação do clima inconstante das emoções, o meio pelo qual você pode manter a homeostase emocional. O signo zodiacal em que a Lua estava quando você nasceu trata de como você se sente mais seguro, protegido e realizado. Essas informações podem ajudá-lo a refletir sobre o que você precisa priorizar no dia a dia, nos relacionamentos e na carreira para manter o bem-estar emocional. Interpretar seu signo lunar pode lhe fornecer uma linguagem para entender melhor sua natureza emocional e como comunicar suas necessidades aos outros. Esse autoconhecimento pode, em última análise, ajudá-lo a manter uma vida com mais conteúdo e, espero, feliz.

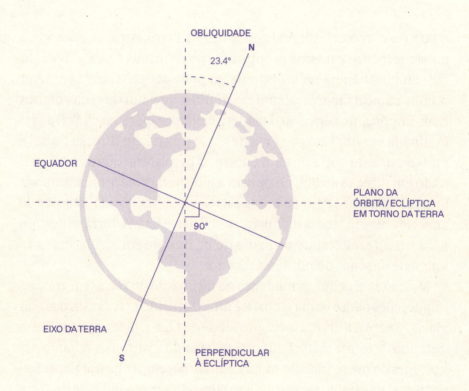

Você pode ficar tentado a ignorar essas informações. Frequentemente, as emoções são vistas como menos importantes do que questões da mente ou da validação de conquistas externas. Mas, na astrologia, a Lua é um posicionamento de grande importância e recebe peso essencialmente igual ao signo solar. Embora saibamos que a Lua é apenas uma pequena fração do tamanho do Sol, do ponto de vista da Terra, eles parecem iguais em tamanho. Eles compartilham o domínio sobre o céu, o dia e a noite. De fato, os luminares estão inextricavelmente ligados, porque a Lua brilha refletindo a luz do Sol. Sua luz emprestada não é menos importante por ser delicada. Na escuridão da noite e nas partes dolorosas e ocultas em nós, é a Lua que ilumina nosso caminho para casa.

A Lua estabiliza a Terra e, da mesma forma, em seu mapa, ela explica como você pode estabilizar o próprio bem-estar emocional. No entanto, é importante notar que a estabilidade não significa uma paralisação. A Lua nos ensina sobre a natureza cíclica da mudança inevitável: ela cresce e mingua em uma programação regular. A inclinação axial da Terra aumenta e diminui. Eras glaciais vêm e retrocedem. As marés sobem e descem. Da mesma forma, você se esgota e ficará cheio outra vez. Você fica por baixo e novamente voará alto. A Lua nos ensina a apreciar onde estamos em nosso ciclo e a saber que tudo passa. A tristeza e a alegria aumentarão e diminuirão em seu tempo. Seu signo lunar o ajudará a entender as fases de suas emoções para que possa entender quais condições ideais o tornam emocionalmente cheio e quais esgotam você. E, assim como a gravidade da Lua mantém a Terra em um ciclo equilibrado que sustenta um clima habitável e sustentável, seu signo lunar pode ajudá-lo a entender como evitar que suas emoções se desvirtuem demais.

SEU PROPÓSITO DE VIDA E O SIGNO LUNAR

Que tipo de ambiente de trabalho é melhor para você? Ao pensar sobre o propósito de sua vida e em sua vida profissional, seu signo lunar pode ajudá-lo a entender os tipos de ambientes de trabalho que serão desafiadores ou favoráveis. Não significa que você não possa trabalhar em qualquer ambiente. Se você sabe que seu trabalho será um desafio emocional, entender seu signo lunar o ajudará a identificar o que é desgastante e o guiará em direção a maneiras de reabastecer seu copo emocional quando estiver vazio. Para cada signo, consideraremos estratégias para a Lua em seu signo e como usar os dons do posicionamento e formas de mitigar os aspectos mais desafiadores.

....

SEU BEM-ESTAR EMOCIONAL

Preencha os espaços em branco com informações de seu próprio mapa natal.

Seu signo lunar: ....

O elemento do seu signo lunar: ....

A modalidade do seu signo lunar: ....

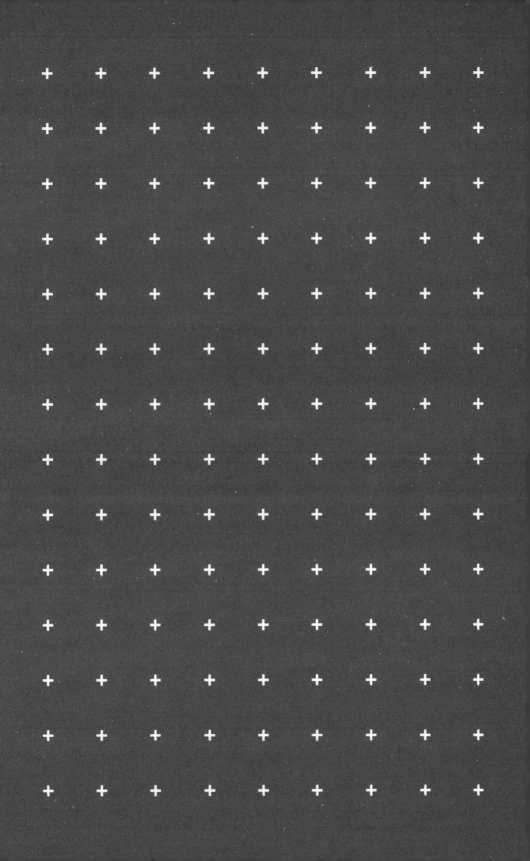

Lua em Áries

♈

Os indivíduos com LUA EM ÁRIES têm um coração feroz. As emoções são grandiosas, impetuosas e poderosas. Há uma coragem em como você ama e cuida daqueles que ama. A duração do seu fusível dependerá do signo solar: se você for de Fogo ou Ar, provavelmente terá um temperamento explosivo, enquanto se for de Terra ou Água (ou Libra), precisará de um pouco mais para explodir. Mas, uma vez inflamado, seu temperamento estará aceso. Qualquer um que conheça uma pessoa com Lua em Áries já viu isso: maxilar tenso, ombros firmes, olhar feroz. Você é um espetáculo para ser visto quando seu coração guerreiro é chamado à ação.

Depois de aceso o fogo, ele deve queimar até que todo o combustível seja consumido. A Lua em Áries não gosta de deixar suas emoções ferverem silenciosamente, há um desejo quase inegável de expressar o que sente. Isso pode ser maravilhoso quando você está demonstrando alegria ou amor, mas problemático quando a raiva está inflamada. Você acha necessário e satisfatório expressar descontentamento quando sofre uma ofensa ou injustiça. Sua raiva brilha intensamente e se dissipa com a mesma rapidez. Mais do que outros posicionamentos da Lua, você rapidamente consegue perdoar depois de se posicionar e esgotar a energia de suas emoções. Geralmente, também é menos propenso a guardar rancor. É importante que as pessoas com Lua em Áries percebam, porém, que outros signos lunares não abordam as emoções e entram em conflito dessa maneira. Embora lidar com o problema logo quando você se sentir emocionalmente ativado possa parecer imperativo, é possível que seja um anátema para a pessoa com quem você está discutindo. Outros podem se desligar ou ir embora, deixando-o frustrado porque você não esgotou sua energia emocional e não houve resolução. Comunicar aos demais que você prefere lidar logo com o conflito e discutir de que forma isso pode funcionar com a abordagem deles a ele pode ajudá-lo a encontrar maneiras de lidar produtivamente com a discórdia.

CONHEÇA SEU SIGNO LUNAR

Conhecer o seu signo lunar o ajudará a entender como você se regula emocionalmente e como se relaciona com os outros. Entender isso o ajudará a comunicar melhor suas necessidades emocionais a amigos e familiares para que possam interagir com você de uma maneira que apoie seu bem-estar e tenham relacionamentos positivos. Da mesma forma, conhecer os signos lunares daqueles com quem você interage o ajudará a entender suas necessidades emocionais, como funcionam em harmonia com sua disposição emocional e em que vocês podem diferir. Especialmente quando se trata de conflito, conhecer o signo lunar de alguém o ajudará a ter discordâncias mais produtivas.

ESTRATÉGIAS PARA A LUA EM ÁRIES

+ **Escolha suas batalhas.** Você tem o dom de defender a si mesmo e aos outros, mas às vezes essa qualidade pode ser hiperativa, levando-o a ser excessivamente sensível e combativo. Quais argumentos realmente importam? Que resultado você espera alcançar ao se posicionar? Esse argumento o ajudará nesse objetivo?

+ **Encontre formas construtivas de aterrar energia emocional intensa.** Suas emoções podem queimar tudo ao redor, então encontrar maneiras de gastar essa energia ajudará a limpar sua mente e permitir que você aja com intenção, em vez de reação. O que ajuda você a liberar energia emocional, uma atividade física vigorosa ou uma solidão tranquila na natureza? Diferentes emoções requerem diferentes métodos de apoio? Mantenha um diário por um mês e, quando se sentir emocionalmente aceso, observe quais atividades o trazem de volta ao centro. Quais métodos parecem melhores?

+ **Canalize sua energia de guerreiro para o bem.** Você não tem medo de uma briga e de denunciar a injustiça. Como utilizar esse dom para ajudar a si mesmo e aos outros?

Lua em Touro

A **LUA EM TOURO** se satisfaz com prazeres simples: uma bela melodia, um suéter suntuoso, um cobertor aconchegante, um buquê de flores, um delicioso piquenique em um dia ensolarado. Quando você está se sentindo sobrecarregado, quais prazeres o acalmam? Touro também é um signo de construção e artesanato, que podem ser essenciais para seu bem-estar. Costura, jardinagem, desenho, panificação ou alguma outra forma de artesanato tátil provavelmente o chamará e se tornará uma estratégia essencial para a sua regulação emocional.

Tão importante quanto o prazer ou o ofício em si é arranjar tempo suficiente para aproveitá-lo. A Lua em Touro tem seu próprio ritmo e não será apressada. É provável que se sentir apressado ou pressionado cause ansiedade ou frustração. Uma marca registrada do presente de Touro é o autoconhecimento e a capacidade de estabelecer limites para proteger sua energia. No entanto, se o signo do Sol ou o Ascendente for mais inclinado a agradar as pessoas (por exemplo, Libra, Peixes) ou a um senso de dever para com os outros (como Câncer, Capricórnio), talvez seja necessário aprender seus limites e quanto tempo você precisa para o autocuidado. Por outro lado, você pode cair na armadilha quintessencial taurina, a de teimosia excessiva. Talvez ser obstinado seja emocionalmente satisfatório para você, mas provavelmente causa consternação em seus relacionamentos. Será uma prática útil refletir sobre o equilíbrio pessoal de dar e receber nas relações e como isso influencia seu bem-estar emocional.

Touro também é o signo da matéria e do domínio dos sistemas financeiros. Para você, a estabilidade monetária e o conforto material são essenciais para o seu bem-estar emocional. Infelizmente, é comum nunca ter aprendido nem as habilidades básicas de finanças pessoais, e muitas pessoas se sentem desconfortáveis em administrar o próprio dinheiro. Talvez isso seja estressante na rotina e cause conflitos financeiros potencialmente debilitantes. Trabalhar para curar seu relacionamento com o dinheiro e aprender a administrá-lo lhe proporcionará uma paz indispensável e melhorará muito seu bem-estar emocional.

Nota-se que é mais fácil dizer do que fazer. A pobreza da atual geração, assistência médica privatizada, dívidas esmagadoras de empréstimos estudantis, inflação desenfreada e hipotecas predatórias são apenas alguns dos fatores que contribuem para a insegurança financeira generalizada. Ações individuais não são suficientes para tirar o peso dos problemas sistêmicos. Mesmo assim, abordar seu relacionamento com o dinheiro e cultivar finanças pessoais saudáveis dentro de sua capacidade podem ajudar em seu bem-estar emocional geral.

ESTRATÉGIAS PARA A LUA EM TOURO

+ **Crie algo.** Você adora fazer coisas com as mãos. A materialidade e a natureza tátil do trabalho são profundamente reconfortantes. Qual é o seu hobby ou ofício favorito? Como priorizá-lo?

+ **Aproveite alguma coisa.** Você se deleita com prazeres simples e suntuosos. Acompanhe suas emoções por um mês e reflita sobre quais prazeres são mais eficazes para acalmar emoções difíceis. Quando está triste, um buquê de girassóis te anima? Quando cansado de um longo dia, um banho luxuoso o acalma?

+ **Trabalhe a sua relação com o dinheiro.** Qual história você conta para si mesmo sobre dinheiro? Você ama, odeia, gostaria de não ter que pensar nisso ou tem medo? Seja brutalmente honesto, ao menos consigo mesmo. Em seguida, faça uma pesquisa sobre recursos de finanças pessoais e veja quais livros, canais do YouTube ou blogues abordam seu tipo de relacionamento com o dinheiro. Você não está sozinho! É possível desenvolver perspicácia financeira! Para as pessoas com Lua em Touro que se sentem confiantes em seu relacionamento com as finanças, considere quais ferramentas ou rituais financeiros podem ajudá-lo a se sentir mais seguro. Criar um orçamento anual, aumentar seu fundo de emergência, comprometer-se a pagar dívidas mais rapidamente, procurar investimentos — que atividade financeira pode ajudá-lo a se sentir firme e seguro quando outros aspectos fora do controle ameaçarem seu equilíbrio emocional?

Lua em Gêmeos

♊

A pessoa com LUA EM GÊMEOS encontra satisfação emocional ao seguir sua curiosidade por caminhos inesperados e sinuosos e ter conversas envolventes, rápidas e que falem de tudo. O mundo é vasto e cheio de conhecimento esperando para ser descoberto, e você se sente alegre e expansivo ao pensar nisso. Gêmeos é regido pelo planeta Mercúrio, nome em homenagem ao deus romano da comunicação, viagens e comércio. Sua Lua em Gêmeos encontra-se energizada em lugares que parecem um mercado movimentado, onde ideias e objetos são negociados na velocidade da luz. Mercúrio também é o deus dos trapaceiros e ladrões, e as pessoas com a Lua em Gêmeos costumam ter um lado travesso. Você tem vontade de bancar o advogado do diabo e sente prazer em fazer perguntas provocativas. É a dança da conversa que o compele, mais do que a resposta, movendo as palavras como peças de xadrez e deixando as ideias pularem pela sua língua apenas para desaparecerem, esquecidas em meio ao dilúvio de tudo o que se segue.

Com a Lua posicionada aqui, há um desejo especialmente forte de comunicar as emoções. Você se relaciona com elas intelectualmente, analisando-as de todos os ângulos em sua mente e com amigos, familiares e parceiros românticos. Sua criação pode ter instilado um senso de reserva em relação à discussão de emoções, mas seu desejo inato ainda está adormecido e espera despertar. Experimente com uma pessoa em quem você confia e veja como se sente. Expressar verbalmente suas emoções ajuda a trazê-lo de volta ao centro, liberando a ansiedade que vem se acumulando lentamente ao longo de anos de repressão? Talvez o desafio seja você não ter meios para discutir tudo o que sente. Em quais livros, vídeos ou recursos você pode mergulhar para ampliar seu conhecimento?

Um possível desafio da Lua em Gêmeos é falar em círculos e nunca encontrar uma solução. As luas regidas por Mercúrio (Gêmeos e Virgem) podem ter uma tendência à fixação ansiosa. Talvez você sinta que está chegando a algum lugar em uma discussão só porque está conversando, mas pode estar apenas o aumentando suas próprias preocupações e frustrando seus amigos. Aprofundar-se nas pesquisas sobre comunicação eficaz pode ser uma forma de satisfazer sua curiosidade, aumentar seu autoconhecimento emocional e melhorar seus relacionamentos.

ESTRATÉGIAS PARA A LUA EM GÊMEOS

+ **Tenha relacionamentos que saciem sua curiosidade.** Você preenche seu copo emocional seguindo a curiosidade, aprendendo coisas novas e tendo conversas estimulantes. No entanto, no meio das obrigações da vida, pode deixar de lado essa necessidade quando, na verdade, ela é essencial para o seu bem-estar. Como priorizar o aprendizado com uma conversa vibrante?

+ **Converse sobre seus sentimentos.** Se a terapia da fala foi feita para alguém, certamente foi para uma pessoa com Lua em Gêmeos. Talvez você se entregue regularmente a longos discursos sobre a natureza e o significado das emoções; mas, para aqueles que se sentiram desligados ou envergonhados por isso, encontre um parceiro seguro para conversar quando se sentir emocionalmente desequilibrado. Mantenha um diário dessas conversas e observe o que funciona ou não.

+ **Construa estruturas externas.** A energia mutável e rápida de Gêmeos pode fazer você se sentir confuso. É tanto uma força, ajudando você a ser adaptável e inovador, quanto um desafio, impedindo-o de ver as coisas até o fim. Embora você possa recuar ao pensar em estrutura, responsabilizar-se externamente pelas coisas que mais importam pode ajudar a mantê-lo no caminho para a conclusão de projetos importantes para você. Em conversas, especialmente sobre emoções, aprenda a linguagem necessária para se expressar adequadamente e maneiras de organizar seu pensamento, como sugestões e estruturas de conversação, que o ajudam a se sentir mais seguro e estável.

Lua em Câncer

A **LUA EM CÂNCER** encontra segurança e estabilidade em relacionamentos significativos e no cultivo de um senso de lar. Câncer é o signo da família, ancestralidade e do lar, e esses domínios se encontram no seu coração. Você é dedicado aos entes queridos e pode achar emocionalmente gratificante expressar seu amor por meio de atos de cuidado, dando apoio e até presentes atenciosos e nostálgicos. Sua casa pode ser o centro da comunidade escolhida, em parte porque você adora estar nele e também porque as pessoas podem se sentir em casa ao estarem no seu lar. É também possível que você, pessoalmente, faça com que os outros se sintam em casa.

Você pode experimentar volatilidade emocional porque sente intensamente, mas com a Lua em Câncer, seu signo de domicílio, você também detém dos recursos necessários para cultivar o bem-estar emocional. O erro é pensar que regulação emocional significa consistência inalterável. O objetivo não é alcançar algum tipo de morte emocional. A Lua cresce e mingua. As estações mudam. As plantas florescem, morrem, apodrecem e um novo crescimento começa outra vez. O estado natural do nosso mundo é cíclico, assim como as emoções. Haverá uma estação para tristeza e uma para alegria — e podem ocorrer no mesmo dia. O presente que você compartilha com o resto do zodíaco ilustra toda a terrível e bela experiência emocional humana. Embora as realizações materiais tenham seu lugar, a Lua em Câncer sabe que o conteúdo e a qualidade de nossas vidas são determinados pelo que sentimos. Amor, conexão, alegria, orgulho, entusiasmo, tristeza, preocupação, arrependimento — é isso que forma a nossa vida.

Apesar de sua rica vida emocional, é provável que apenas as pessoas mais próximas saibam o que acontece dentro de si, porque você mantém sua turbulência emocional trancada em sua casca rabugenta. Talvez sua volatilidade emocional até o confunda, especialmente se a repressão for seu principal mecanismo de enfrentamento. Aprender a linguagem das emoções e dedicar um tempo para conhecer as marés do seu oceano emocional será essencial para você cultivar o bem-estar e sentir que está vivendo em fluxo com as emoções, em vez de ser dominado por elas.

ESTRATÉGIAS PARA A LUA EM CÂNCER

+ **Comunique suas expectativas.** A Lua em Câncer deseja uma conexão emocional e demonstra amor por meio da lealdade, do dever e da criação de uma sensação de lar. Pode ser frustrante quando aqueles que você ama parecem não apreciar como demonstra amor ou não retribuem da mesma forma. Pessoas com signos de Lua em Ar podem parecer não levar as coisas tão a sério quanto você. Os signos de Lua em Terra podem ser muito frios e pragmáticos. Aprender a comunicar suas necessidades e expectativas emocionais pode ajudá-lo a ter relacionamentos mais satisfatórios e, por fim, melhorar seu bem-estar geral.

+ **Acompanhe suas emoções.** A casca dura que protege seu centro mole pode impedir que os outros vejam seus verdadeiros sentimentos, mas também o impede de entender o que está sentindo e por quê. Manter um diário de suas emoções e das circunstâncias que as envolvem pode ajudar a melhorar seu autoconhecimento e encontrar maneiras de mitigar a volatilidade emocional.

+ **Respeite suas emoções.** Você pode ter internalizado opiniões da família ou da sociedade de que expressar emoções é uma fraqueza. Tentar controlá-las excessivamente leva a uma relação antagônica com seus sentimentos que pode ser frustrante, causando um monólogo interno de autopunição "por não saber se controlar". Abordar suas emoções com compaixão e abraçar todo o espectro da experiência humana pode ajudar a aliviar um pouco a pressão desse controle.

Lua
em Leão

♌

O indivíduo com a LUA EM LEÃO sente-se emocionalmente satisfeito e rejuvenescido quando recebe ampla atenção e adoração. Leão está associado ao arquétipo do artista, e você obtém prazer ao entreter e se deliciar com seus merecidos aplausos. O tamanho desejado do seu público será influenciado pelo posicionamento da casa onde está a Lua (por exemplo, se ela estiver na Casa 4, seu público preferido provavelmente é sua família, enquanto na Casa 10 ou 11 estarão interessados em um público muito maior).

A posição do Sol natal, que é o luminar regente de Leão, também lhe dará informações sobre o estilo e os lugares em que você gosta de brilhar. Por causa da conexão Sol-Leão, há um forte vínculo entre brilhar sua luz autêntica no mundo e seu bem-estar emocional.

Mesmo que o coração leonino aprecie o reconhecimento por iluminar seu eu brilhante e belo, você não se interessa apenas por si mesmo. Como o Sol, sua natureza calorosa dá vida àqueles que estão ao redor. Você preenche seu copo emocional por meio da generosidade, provavelmente dando seu apoio emocional e amor. Talvez dar presentes seja uma linguagem de amor importante para você. A armadilha que alguns indivíduos com a Lua em Leão caem é a generosidade para obter favores e conexões, o que acabará levando a relacionamentos superficiais e elogios vazios. Relacionamentos satisfatórios virão quando você viver sua verdadeira natureza e encontrar aqueles que o amam entusiasticamente por quem você é.

ESTRATÉGIAS PARA A LUA EM LEÃO

+ **Estude seu signo solar e a casa onde se encontra.** A Lua em Leão o obriga a desejar reconhecimento pela expressão autêntica de si mesmo. Compreender todo o seu mapa (e ler este livro!) o ajudará a refletir sobre quem você veio ser e o que veio fazer aqui. Como Leão é regido pelo Sol, seu bem-estar emocional está mais profundamente ligado ao posicionamento do Sol do que o da Lua. Compreender o estilo como você quer brilhar no mundo (signo solar) e os lugares da vida para os quais você mais se sente chamado a brilhar (sua casa solar) o ajudará a entender os tipos de atividades que preencherão seu cálice emocional.

+ **Seja dono do seu palco.** As posições da Lua em Leão recebem muitas críticas por causa da grandiosidade que o indivíduo possui. Talvez você nunca tenha se identificado totalmente com a posição de sua Lua em Leão porque a sociedade o convenceu de que é um grande pecado de ego ocupar espaço e ser plenamente quem você é. É hora de expulsar essa retórica de sua programação e reivindicar sua verdadeira natureza. Seja quem você é nos palcos que o chamam: na sala de aula, na sala de reuniões, no plenário do Senado ou no centro do palco. É mais fácil dizer do que fazer; então, se você luta para brilhar autenticamente para si mesmo, faça-o para que os outros parem de extinguir sua chama e de forçá-lo a se adequar aos padrões estreitos da sociedade.

+ **Seja generoso.** Uma das maneiras mais fáceis de encher seu copo emocional é ser generoso com os outros. Você tem uma natureza calorosa e generosa e provavelmente sabe quais tipos de generosidade você mais gosta, além do que os outros mais apreciam em você. É o seu tempo, humor, suas palavras de encorajamento, seu ouvido compreensivo, seus abraços calorosos? Ao se sentir emocionalmente esgotado, você pode ter a necessidade de se retirar, mas talvez tente neutralizar a tristeza ou o mal-estar com gentileza. Você pode descobrir que o ato de presentear é um bálsamo para você também.

Lua
em Virgem

Os indivíduos com a LUA EM VIRGEM preenchem seu copo emocional organizando, aperfeiçoando e sendo úteis. Virgem é um signo de Terra regido por Mercúrio e traz a rapidez mental e acuidade representadas por esse planeta para o reino material, corrigindo ineficiências e erros. Você acha reconfortante ceder ao impulso virginiano de consertar as coisas e organizar suas tarefas em uma agenda para se preparar para o próximo passo. Há uma energia movimentada e vibrante em Virgem que o faz pular de um projeto para o outro. Nada é tão emocionalmente satisfatório para você quanto verificar que outra tarefa de sua lista de afazeres está concluída. Essa atitude positiva é amplificada quando você está emocionalmente ativado. Ninguém ficaria surpreso ao descobrir que está limpando seu forno ou organizando seu armário quando está estressado.

Provavelmente, você não considera fácil relaxar, há sempre algo que precisa ser feito. Sempre que você tenta se divertir sem fazer nada, sua mente pode atormentá-lo com ruminações preocupadas sobre o que ainda precisa fazer ou o que poderia ter feito melhor. Você pode examinar cada detalhe minucioso das conversas que teve ou do trabalho que enviou e pensar em como poderia ter feito melhor. Talvez sua mente esteja propensa a entrar em ciclos infinitos a respeito de como eventos futuros podem ser tarefas que você deve concluir. Práticas de *mindfulness* e exercícios respiratórios podem ajudá-lo a aprender a acalmar sua mente e estar no momento, mas ela pode estar muito ocupada para que isso traga alívio. Exercícios e projetos físicos, como limpeza, podem ajudar a tirar você da cabeça e entrar no corpo quando os níveis de estresse estão altos.

A Lua em Virgem expressa o amor por meio de auxílio. Cuidar dos outros, especialmente de sua saúde física e bem-estar, é uma característica de Virgem, que, portanto, demonstra afeto cuidando dos outros e tentando ajudar a resolver seus problemas. Isso faz de você um amigo confiável e prestativo que, sem dúvida, é muito apreciado por aqueles que tiveram a sorte de serem ajudados por você. As coisas podem dar errado, porém, quando seu olhar perfeccionista se volta para seus entes queridos. Você quer o melhor para aqueles de quem gosta e realmente sabe do que está falando, mas nem todo mundo é capaz ou está disposto a suportar seu exame minucioso e padrões exigentes. Quando você está se sentindo estressado e precisando de algo para consertar, é melhor evitar criticar as pessoas em sua vida. Lembre-se de que seus amigos, familiares e parceiros românticos são pessoas, não projetos.

ESTRATÉGIAS PARA A LUA EM VIRGEM

+ **Feito é melhor que perfeito.** Você é um executor que realiza as coisas bem-feitas, mas pode descobrir que sua mente fica travada remoendo situações ou problemas, e você continua tendo o mesmo argumento tentando refinar a solução ou não passa um projeto para o próximo estágio porque sempre há algo para melhorar. Quando se sentir travado, lembre-se de que, às vezes, feito é melhor do que perfeito. Quando os custos de aperfeiçoamento superam os benefícios potenciais, é melhor abandonar.

+ **Encontre um projeto, não uma pessoa.** Quando está estressado e as coisas parecem fora de controle, você sente alívio ao realizar uma tarefa. Às vezes, isso pode se manifestar como uma crítica a seus entes queridos. Mesmo que seja bem-intencionada, fazer de um ente querido o seu projeto provavelmente levará a conflitos. Em vez disso, identifique atividades que o ajudem a gastar sua energia ansiosa, como organizar sua mesa de cabeceira, limpar sua gaveta da bagunça ou atualizar seu orçamento. Escolher um pequeno projeto que você possa concluir de forma satisfatória e que tenha resultados tangíveis será administrável e suficiente.

+ **Silencie a mente.** Sua mente pode ser um lugar desconfortável quando se sente ansioso e sobrecarregado. Encontrar atividades que o tragam para o momento presente e para o seu corpo pode ajudar a aliviar essa tagarelice mental: *mindfulness*, respiração, brincar com seus filhos, correr ou capinar o jardim. Experimente atividades diferentes e adicione suas favoritas à sua caixa de ferramentas de bem-estar.

Lua em Libra

♎

Os indivíduos com LUA EM LIBRA são tranquilos e prezam pela paz e pela beleza. A menos que tenha posicionamentos significativos que o deixem confortável com o conflito (por exemplo, Sol ou Ascendente em Áries, Touro, Capricórnio ou Gêmeos), você provavelmente se descontrola com a discórdia e a evita a todo custo. Em menor grau, incivilidade e impropriedade são desconcertantes, e você se esforça para evitar pessoas rudes e situações grosseiras. Acalma-se pela harmonia e beleza. Identificar algumas atividades relaxantes essenciais o ajudará a manter o equilíbrio emocional em um mundo barulhento e caótico: transformar sua casa em um refúgio encantador, tomar um banho pomposo ou curtir sua música favorita podem acalmar sua natureza venusiana. Mais especialmente, porém, fazer uma pausa de outros humanos é uma estratégia importante. A Lua em Libra pode agradar as pessoas e é sensível ao conflito. Às vezes, a única maneira de redefinir e reabastecer do esgotamento interpessoal é a solidão.

Devido ao seu desejo e capacidade de intermediar o equilíbrio e a paz, talvez seja o principal mediador de seus amigos e familiares. Você pode achar isso emocionalmente satisfatório, com a recompensa da resolução superando o desconforto da discórdia. Isso pode se estender à sua vida profissional, mesmo em uma posição que use suas habilidades de diplomacia, litígio ou mediação. O risco, porém, é que você se sinta desconfortável no meio dos problemas de outras pessoas e não saiba como se desvencilhar. Aprender quais são seus limites e como exprimir recusa são habilidades essenciais para você.

Uma coisa a lembrar é que a balança de Libra está sempre buscando o equilíbrio, mas esse não é um estado estático que você pode manter. Equilíbrio é um processo, não um local. Seja gentil consigo mesmo quando se sentir emocionalmente fora de sintonia. Fique à vontade com a recalibração e aceite que muitas vezes você irá longe demais antes de perceber que precisa recuar ou mudar de marcha.

ESTRATÉGIAS PARA A LUA EM LIBRA

+ **Crie uma caixa de ferramentas para se restaurar.** Que atividades o ajudam a experimentar o descanso venusiano depois de encarar a realidade crua? Que beleza, harmonia e paz você pode cultivar? A Lua em Libra pode ter gostos caros, mas lembre-se de que a paz e a beleza podem ser baratas ou gratuitas.

+ **Aprenda seus limites. Agradar as pessoas pode ser um desafio para você.** Por um lado, você não gosta de conflitos, e, por outro, gosta muito de fazer as pessoas felizes e de criar relacionamentos e ambientes harmoniosos. Mas sempre tentar antecipar as necessidades dos outros ou evitar a todo custo desentendimentos acabará por exauri-lo. Familiarize-se com a sensação de quando você começa a ficar esgotado para que possa corrigir o curso e dizer não quando não tiver mais nada que esteja disposto a dar. Quando se trata de limites, existem algumas linhas rígidas que você pode traçar, mas é mais sutil descobrir como se comunicar quando você não está disponível ou esgotado. Não há problema em deixar de fazer algo que você tenha feito antes. O equilíbrio é um processo.

+ **Coloque seus dons venusianos em uso.** Você é um diplomata talentoso e tem bom senso estético. Encontrar saídas para suas habilidades venusianas para além da sua casa e do autocuidado pode ser um caminho para a realização emocional. Em que partes da sua vida você já emprega sua diplomacia e bom gosto? O que mais você gostaria de fazer?

Lua
em Escorpião

♏

As pessoas que possuem LUA EM ESCORPIÃO são um pouco paradoxais. Você é muito reservado e mantém suas emoções protegidas, permitindo que apenas alguns atravessem essa barreira. Para aqueles que deixa entrar, você deseja e exige uma profunda intimidade emocional. Embora não seja necessariamente sincero com os outros sobre como está se sentindo ou o que está pensando, você é interessado e adepto a descobrir os segredos deles. Isso decorre em parte do seu desejo de intimidade, mas também da sua necessidade emocional pela verdade. Você se sente compelido a saber o que os outros estão tentando esconder e o que está por baixo. Tradicionalmente regido por Marte, sua casca dura serve como escudo para manter as pessoas à distância, enquanto seu ferrão funciona como uma lança, cortando o cerne da verdade. Muito provavelmente, você aprimorou sua mente e língua para perfurar a armadura emocional alheia, ao mesmo tempo em que foi capaz de desviar das tentativas de adentrarem você.

Para alguns nativos com Lua em Escorpião, trata-se de jogos de poder e subterfúgios. Você tem uma compreensão inata da dinâmica do poder e talvez goste das ardis manobras corporativas ou dos dramas interpessoais. Para a maioria desses nativos, porém, não é tão exagerado. Você é discreto porque o que você faz é problema seu. As pessoas precisam ganhar sua confiança para ter acesso ao seu mundo interior, e você não renuncia a isso levianamente. Ao contrário dos escorpianos, cuja busca pela verdade é essencial para sua natureza e pode se manifestar em muitas áreas da vida (pessoal ou profissional), sua Lua em Escorpião está mais interessada na honestidade e na lealdade de seus entes queridos. Ela é conhecida por guardar rancor e atacar a jugular quando provocada, o que é sua prerrogativa. Mas essa Lua também exibe devoção impressionante àqueles que considera dignos.

    O regente moderno de Escorpião é Plutão, nomeado em homenagem ao deus do submundo. As significações de Plutão incluem poder, opressão, aquilo que está enterrado ou oculto, morte, transformação e renascimento. A maneira como esses temas são significativos para cada um com Lua em Escorpião varia. Observe a casa em que sua Lua está localizada para ver em quais áreas da vida o poder e transformação serão mais potentes. Algumas pessoas vivem essas questões plutônicas ao criar ou serem atraídas pela arte como forma de lidar com elas. Outras podem servir de guia para as pessoas em suas jornadas no submundo, como terapeutas ou coaches que ajudam seus clientes a descobrirem o que está escondido em sua mente inconsciente. Da mesma forma, editores, agentes e diretores atuam de forma a chamar atenção durante o processo transformador de dar à luz o trabalho. Ter a Lua em Escorpião significa que você é dotado da capacidade de ir direto ao ponto, da coragem de lidar com materiais emocionais difíceis e da magia para facilitar a transformação (para você ou para os outros).

ESTRATÉGIAS PARA A LUA EM ESCORPIÃO

+ **Conecte-se com sua energia plutoniana.** Há uma profundidade linda e rica na Lua em Escorpião que decorre das qualidades plutonianas. Haverá algo emocionalmente gratificante para você em se envolver com as questões de poder e opressão, tabus, morte e transformação ou jornadas no submundo. Há comichão e você precisa coçá-la, mas como? O que preenche esse chamado para você? Pode ser algo tão inócuo quanto assistir a filmes pós-apocalípticos ou algo mais prático, como protestar contra a opressão política. Como Plutão ressoa em sua vida?

+ **Deixe as pessoas entrarem.** Você tende a se conter, mesmo com as pessoas de quem gosta e em quem confia. Isso está lhe servindo? Está o ajudando a cultivar os relacionamentos que deseja? O que você está evitando e por quê? Quando você pensa sobre os relacionamentos que mais importam para você, existem maneiras de cultivar uma intimidade mais profunda e gratificante por meio da autorrevelação? O que o ajudaria a se sentir mais seguro sobre ser vulnerável? Você não precisa se jogar de corpo e alma, mas pode estar perdendo ao ser muito cauteloso.

+ **Use seus poderes para o bem.** Entre suas qualidades marcianas e plutonianas, você detém grande quantidade de poder. Intuitivo, perspicaz, corajoso e leal, você pode usar seus dons para ajudar os outros, talvez como um guia pelo submundo ou como defensor contra a opressão. Expressar sua natureza escorpiana e seus dons a serviço dos outros é um uso emocionalmente gratificante e sustentável.

Lua
em Sagitário

A LUA EM SAGITÁRIO possui coração otimista e aventureiro. Sua flutuabilidade emocional é quase incansável; um presente para você e para as pessoas ao seu redor. Isso não significa que nunca se sinta triste ou deprimido. Júpiter é o regente de Sagitário e imbui o signo de sorte e otimismo, e também de expansão. Há um sentimento a mais com Júpiter, e isso pode se traduzir em grandes emoções, altos e baixos, mas seu estado emocional natural é de esperança e diversão.

O que o deixa para baixo é a monotonia e a restrição. Você não quer ser pressionado, fazendo a mesma coisa todos os dias. Seu bem-estar requer aventura, seja lá o que isso signifique para você. Sem dúvida, muitos sagitarianos gostam de viagens de longa distância, novos lugares e até adrenalina, mas a aventura pode estar mais perto de casa, em trilhas locais ou mesmo por meio de livros e estudo. Embora a novidade da aventura lhe traga uma alegria especial, você precisará de algo mais estável e confiável para reabastecer seu bem-estar emocional. Provavelmente, já sabe qual é o seu tipo de aventura preferido, mas lembre-se de que isso evolui ao longo da vida. Vasculhar pilhas de livros em sebos, surfar, passear de carro ou parques locais são apenas algumas atividades que pode priorizar. Reservar um tempo para essas atividades todas as semanas ajudará muito no seu bem-estar.

O que Sagitário busca em todas as suas aventuras é uma experiência transcendente, alguma verdade superior, um vislumbre do Divino. Às vezes, essa transcendência é experimentada por meio de atividades de alto risco ou extenuantes. Talvez a encontremos experimentando diversos lugares e pessoas, vendo a conexão divina nas semelhanças e diferenças entre as culturas. Para outros, essa busca pode ser mais cerebral, levando a um caminho de investigação intelectual, seja formalmente, na escola, ou informalmente, seguindo a própria curiosidade. Esse impulso geralmente envolve alguma forma de espiritualidade, independentemente de sua definição. Por causa disso, alguma forma de prática espiritual pode ser particularmente reconfortante e gratificante para a Lua em Sagitário.

ESTRATÉGIAS PARA A LUA EM SAGITÁRIO

+ **Encontre uma aventura.** Mesmo com a variabilidade no trabalho, sua sede de aventura provavelmente não será saciada na profissão. No entanto, o impulso sagitariano para a aventura não exige passaporte nem gastar muito dinheiro em viagens caras. Encontrar aventuras no cotidiano o ajudará a se sentir emocionalmente realizado. O que o chama? Visitar diferentes restaurantes locais, museus ou espaços ao ar livre? Conhecer novas pessoas por meio de grupos comunitários? Injetar adrenalina realizando esportes radicais nos finais de semana? Como priorizar a aventura em sua vida toda semana?

+ **Procure otimismo.** Seu coração caloroso e esperançoso é uma luz brilhante para o mundo, mas até você pode se sentir diminuído pela amargura e conflito da realidade. Que atividades revigoram seu senso de otimismo? Talvez seja um buquê de girassóis, uma prática espiritual ou uma lista de coisas para agradecer. Que pequenas atividades renovam sua centelha de esperança?

+ **Seja espiritual.** Seu bem-estar emocional é influenciado pelo impulso sagitariano de encontrar a verdade espiritual e experimentar a transcendência. Cultivar uma prática espiritual será particularmente importante da maneira que seja significativa para você. Isso não significa necessariamente seguir uma tradição religiosa específica. Estar na natureza, ouvir ou criar música, envolver-se com a filosofia, meditar, correr, orar — qualquer atividade que pareça espiritual e nutritiva para você é o que importa.

Lua em Capricórnio

♑

A LUA EM CAPRICÓRNIO é o coração do empreendedor. Definir metas e realizá-las é extremamente satisfatório. Embora isso seja verdade para muitos, é imperativo para você. Capricórnio é regido por Saturno, o planeta dos sistemas, limites, estruturas e ordem, portanto, o que ajuda a reabastecer seu bem-estar emocional é cumprir as metas ao longo de um caminho definido rumo a um objetivo específico. Falta de estrutura e alvos vagos são irritantes e perturbadores para você.

Você quer saber onde está, o quão longe você veio e o quão longe ainda tem que ir.

Saturno é também o planeta da tradição. A maior parte desses nativos encontra conforto em formas de realização tradicionais e validadas externamente. Uma grande exceção são os nascidos entre 1989 e 1996 (e em alguns meses de 1988), que têm Urano em Capricórnio. Para esses indivíduos, pode haver um forte desejo de romper com a tradição, porque Urano é o planeta da revolução e da rebelião. Se você é um desses indivíduos com Urano e Lua em Capricórnio, pode enfrentar uma luta interna entre o desejo de individualidade e um anseio por mais estabilidade.

Embora trabalhar em direção a um objetivo seja fundamental para pessoas com Lua em Capricórnio, a estrutura saturnina em geral também é importante para você. Quando você se sente emocionalmente despreparado, pode se basear em estruturas e hábitos diários, como uma rotina matinal definida — quaisquer estruturas que o ajudem a se sentir contido e seguro. Limitar a incerteza por meio da rotina é reconfortante para você, mas também limita a escolha. Saturno é o planeta da restrição, e uma maneira positiva de trabalhar com esse aspecto do seu signo lunar é simplificar e focar. A fadiga da decisão e a sobrecarga geral podem ser amenizadas cortando ou pausando certas atividades para permitir que sua energia limitada se concentre no que é mais importante.

ESTRATÉGIAS PARA A LUA EM CAPRICÓRNIO

+ **Trace um caminho para o sucesso.** Você precisa de metas para se sentir realizado. Quais são seus objetivos e quais as conquistas intermediárias para chegar lá? Você pode criar roteiros para o sucesso em qualquer aspecto da vida: trabalho, hobbies, viagens ou aprendizado. Sempre que se sentir emocionalmente esgotado, volte a um de seus roteiros e revise o que realizou e qual é o próximo passo. Veja se você pode dar um passo para chegar à sua próxima conquista. Lembrar-se do que você realizou e dar passos em direção a novas conquistas o ajudará a se sentir emocionalmente centrado.

+ **Elimine tarefas.** Quando estiver se sentindo sobrecarregado, descubra o que pode tirar do prato. Isso pode parecer contraintuitivo, porque você adora realizar tarefas, mas é facilmente levado a ter muitos objetivos ao mesmo tempo. Quando as coisas ficarem agitadas, identifique quais atividades você precisa priorizar e quais atividades podem ser pausadas. Tudo bem dizer não. Não há problema em deixar as coisas para depois.

+ **Encontre uma atividade de resistência.** Capricórnio tem a ver com esforço em direção a um objetivo, e, como signo de Terra, a prioridade é a resistência sobre a velocidade. A atividade física pode fornecer um meio útil de regulação emocional; para você, algo que requer tempo e esforço para manter o poder e realizações definidas será especialmente gratificante. Longas caminhadas, maratonas, levantamento de peso, meditação, ioga, natação, escalada — qualquer atividade que você abordar com determinação metódica para melhorar a resistência e a força será especialmente gratificante.

Lua em Aquário

As pessoas com LUA EM AQUÁRIO abordam as emoções — as próprias e as dos outros — com um nível intelectual de quase dez mil quilômetros de altura. Aquário é um signo de Ar cujo regente tradicional é o disciplinado Saturno. Como tal, procura filtrar as emoções por uma peneira analítica da mente, colocando cada expressão facial, explosão de alegria e argumento em sua caixa correspondente. Enquanto os signos de Água e Fogo são mais propensos a se concentrar na experiência de respostas emocionais, Aquário deseja filosofar, entender seu mecanismo: pulsando a emoção, quer encaixá-la em uma estrutura. Entretanto, tentar impor uma estrutura rígida às emoções humanas é uma tarefa tola. Sim, desenvolver uma linguagem para descrever emoções é valioso, e identificar as causas e curas de emoções difíceis vale a pena e o ajudará a se sentir mais seguro emocionalmente. Mas acreditar que a ação X leva à emoção Y a ser melhorada pelo comportamento Z deverá sempre ser verdade, vai deixá-lo frustrado. A Lua em Aquário procura a lógica das emoções, mas elas não são assim. Essa intelectualização pode ser desanimadora para os outros. Eles desejam que você aceite os sentimentos do jeito que são, mas você quer uma razão concreta para eles, levando a discórdia e frustração.

De outra forma, o distanciamento intelectual do seu signo lunar pode significar que você se sente desconectado das próprias emoções. Talvez lute para saber ou verbalizar como se sente. O regente moderno de Aquário é Urano, e há uma qualidade estranha nessa energia. Você pode se sentir alienado de suas próprias emoções e lutar para se relacionar quando os outros estão expressando os sentimentos. Aprender maneiras de acessar e fundamentar as emoções em seu corpo por meio de *mindfulness* ou terapia somática pode ser útil para ajudá-lo a se conectar com suas emoções.

A distância emocional é um dom dessa posição, permitindo que você mantenha a cabeça fria em situações desafiadoras. Quando as emoções afloram, você fica menos sobrecarregado e pode se concentrar na busca por uma solução. Você se sente emocionalmente realizado quando as situações são analisadas com um entendimento lógico a partir do qual um plano de ação pode ser construído. Aquário é o signo do coletivo, da humanidade e do progresso, então você também pode ter um impulso para ajudar a sociedade a avançar e a força emocional para fazer a diferença.

ESTRATÉGIAS PARA A LUA EM AQUÁRIO

+ Aterre suas emoções no corpo. Se você luta para saber como está se sentindo, conectar a resposta do seu corpo às emoções pode ser um caminho útil de autorreflexão. Ao experimentar um sentimento difícil ou intenso, muitas vezes você terá uma resposta física. Por exemplo, seu peito ou garganta podem estar apertados ou você pode se sentir enjoado. Quando isso acontecer, observe como se sente em seu corpo e tente nomear as emoções que se correlacionam com essa resposta física. Você começará a ver padrões de respostas emocionais (e vai adorar!) e ficará mais atento com a forma como se comporta em determinadas situações (como no trabalho, nos relacionamentos) em que se sinta desconectado ou confuso.

+ Use sua disposição calma para o bem. Ser alguém que não se irrita facilmente é um superpoder. Se você for uma pessoa com Lua em Aquário que consegue manter a cabeça fria, como pode utilizá-la para ajudar você e outras pessoas? De forma profissional, social, cívica ou alguma outra?

+ Mestre em soluções. Você sente uma sensação de realização ao resolver um problema grande e complicado, criando estratégias para uma solução. A energia de Aquário é a de um mestre estrategista, capaz de ver o quadro geral, analisar o problema e criar um plano de ataque. Ao se sentir emocionalmente desequilibrado, dê um passo para trás e veja todos os lados da situação, tenha uma noção de todos os fatores que contribuem e crie uma solução possível.

Lua
em Peixes

A LUA EM PEIXES é o coração do amante, do artista e do místico. Sua natureza dissolve limites e se sente conectada para experimentar a verdade de que somos todos um: um povo, um ecossistema, um planeta, uma coleção de átomos em um universo de átomos, um espírito conectado a um Espírito Universal. Esse conhecimento de conexão o impregna com uma profunda capacidade de amor e compaixão. Onde algumas pessoas julgam outras, você vê os indivíduos como inerentemente dignos e, a partir dessa posição, é capaz de os testemunhar e amar de maneira única.

Existe um impulso em seu coração para essa sensação de dissolução e conexão do ego. Isso pode ser alcançado por meio de muitos métodos, incluindo meditação, prática espiritual e criação ou experiência artística ou musical. Um arquétipo com o qual Peixes está correlacionado é o do artista, porque a arte nos permite sair de nós mesmos, experimentar o mundo de um ponto de vista diferente e reconhecer o frágil artifício de nossa realidade construída no microcosmo da pintura, do palco ou do poema. E, assim como o místico, cujas práticas permitem que ele se conecte com a experiência transcendente da sabedoria divina, o artista também tem algum portal para a inspiração divina que ele acessa quando cria.

Mas há uma expressão negativa desse impulso de dissolução na qual o escapismo é o abuso de substâncias ou um apego romântico doentio. O fascínio de se perder no vício ou se dissolver em outra pessoa pode ser inebriante, mas perigoso. Existem maneiras tão bonitas e gratificantes de explorar o sentimento de conexão que você procura — artes visuais, música, filmes, livros e experiências espirituais são as principais. A forma mais simples de escapismo que você pode desfrutar é deixar sua imaginação vagar. Sonhar acordado é uma forma potente de autocuidado para alguém com Lua em Peixes.

O coração da Lua em Peixes está esgotado simplesmente por ter que ser humano e enfrentar o ataque brutal da realidade. É exaustivo. Embora outros signos lunares também possam se sentir desgastados pela vida, eles não conseguem entender como isso é exaustivo para você. Talvez eles queiram férias. Você quer se projetar astralmente fora de seu corpo. Encontrar maneiras seguras, reconfortantes e talvez criativas de sair de si mesmo permitirá que você reabasteça seu bem-estar emocional.

ESTRATÉGIAS PARA A LUA EM PEIXES

+ **Aproveite o poder da imaginação.** Você possui uma imaginação poderosa e uma conexão direta com a inspiração. Embora a imaginação seja uma abordagem valiosa para manter seu bem-estar, ela também pode ser útil no local de trabalho. Como sua criatividade e ponto de vista coletivo podem fazer parte da sua profissão?

+ **Procure a solidão.** Embora você ame ter uma conexão significativa com os outros, é provável que fique emocionalmente esgotado e precise de períodos regulares de solidão e descanso. Não há problema em dizer não. Ficar em casa sem fazer nada é uma escolha válida.

+ **Comprometa-se com uma prática espiritual.** O que o ajuda a explorar esse sentimento sublime da enormidade do universo e da pequenez de si mesmo? O que o ajuda a abafar o barulho do mundo e a admirar algo infinito? Física, música, prática espiritual — o que quer que chame você, saboreie e reabasteça-se com isso.

6
A casa onde está a Lua
Onde você encontra realização emocional

NO CAPÍTULO ANTERIOR, falamos como seu signo lunar descreve suas necessidades emocionais e traz uma ideia do que o estressa e como você pode voltar ao equilíbrio emocional. Neste capítulo, veremos a casa em que sua Lua está, que descreve onde você encontra satisfação emocional na vida.

Lembre-se de que o mapa natal é dividido em doze casas e cada uma delas corresponde a diferentes assuntos da vida. Sua Lua pode cair em qualquer casa e os temas da casa lunar descrevem os lugares em sua vida que são mais satisfatórios e nutritivos emocionalmente para você. É o lugar aonde você volta para recarregar quando se sente esgotado.

O que quero dizer com realização emocional? Sabemos o que é se sentir esgotado. Ficamos muito magros, temos bastante trabalho a fazer, muitas interações sociais ou passamos por eventos de vida emocionalmente extenuantes. Ficamos exauridos. Seu signo lunar (Capítulo 5) indica o que provavelmente o esgotará e fornece informações sobre como se acalmar e encontrar estabilidade emocional. Sua casa na Lua lhe diz onde na vida você encontra apoio emocional e alegria. Quando se sentir esgotado e precisar reabastecer seu bem-estar emocional, realize as atividades descritas pela casa lunar.

Vamos considerar um exemplo. Digamos que alguém tenha a Lua na Casa 5, o lugar da criatividade e das crianças no mapa natal. Alguém com sua Lua aqui encontraria satisfação emocional ao se envolver em projetos de criação — passatempos, arte ou qualquer outra forma de expressar a criatividade. Esse indivíduo também pode se sentir emocionalmente realizado por seus relacionamentos com os filhos, ou talvez por trabalhar com crianças (como professor). A forma como a pessoa é criativa ou gosta de se relacionar com os filhos será descrita por seu signo lunar.

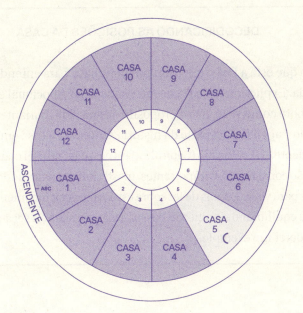

Entender seu signo e casa lunar e sua natureza emocional é fundamental para viver uma vida com propósito, pois sentir satisfação é, afinal, um estado emocional. Não importa que você trabalhe demais em algo significativo ou em conquistas pessoais que criarão uma vida gratificante, se você estiver constantemente esgotado, exausto ou deprimido. Tornar-se o especialista em seu próprio bem-estar emocional é uma jornada ao longo da vida, mas esperamos que entender sua Lua natal lhe dê um ponto de iniciativa e uma forma de conversar e refletir sobre suas necessidades emocionais.

Você pode abordar este capítulo verificando primeiro o Guia Rápido da Casa Onde Está a Lua para obter uma visão geral do significado da sua casa da Lua. Em seguida, leia a descrição específica da sua casa lunar neste capítulo para obter mais detalhes. Depois, confira a seção **Decifrando o código: Seu bem-estar emocional** para refletir sobre como você pode aplicar essa sabedoria astrológica em sua vida.

DECODIFICANDO AS POSIÇÕES DA CASA

A casa em que está a Lua é um componente-chave para entender o propósito de sua vida. Explica onde você encontra satisfação emocional e fornece informações sobre como você vive o propósito de sua vida diariamente. Mas a sua localização é apenas uma parte da história. Entender a casa em que o regente do Ascendente está colocado (Capítulo 4) e a casa que seu Sol ocupa (Capítulo 2) também são considerações importantes, mostrando quais áreas da vida são mais essenciais para você. Depois de ler sobre esses três posicionamentos, você pode misturar e equilibrar o significado dessas casas. Consulte a seção final, **Calibração**, para obter um exemplo.

SEU BEM-ESTAR EMOCIONAL

Preencha o espaço em branco com informações de seu próprio mapa natal.

Casa onde está a sua Lua: _____

GUIA RÁPIDO DA CASA ONDE ESTÁ A LUA

CASA	Você encontra satisfação emocional e vive seu propósito diariamente por meio de...
1	concentração no crescimento pessoal, na autoexpressão e no cuidado com o corpo.
2	trabalho e cultivando a independência financeira.
3	comunicação, como escrita, fala, ensino e/ou expressão artística.
4	cultivo do espaço de sua casa, convivência com sua família e/ou auxílio a outras pessoas no cuidado com o lar e a família.
5	suas buscas criativas, educação de seus filhos e/ou trabalho com crianças.
6	cultivo de rotinas e hábitos diários saudáveis e produtivos.
7	parceria significativa e comprometida (romântica, amizade íntima e de negócios).
8	experiências transformacionais e cuidado com sua saúde mental.
9	viagens, aprendizado e ensino.
10	construção de sua carreira e legado.
11	encontro com amigos, construção de uma comunidade e/ou cultivo de clientes e patronos.
12	introspecção pessoal e/ou experiências espirituais.

Lua
na Casa 1

Realização emocional por meio de foco no crescimento pessoal, autoexpressão e cuidado com seu corpo

---

A CASA 1 é o lugar da identidade, do corpo, da autoimagem. Ter sua Lua aqui significa que seu bem-estar emocional está intimamente ligado ao seu senso de identidade. Esse pode ser um posicionamento desafiador, pois ela sempre estará sob pressão de forças externas para se adequar a vários padrões sociais. Ter a Lua aqui pode significar ser especialmente sensível à percepção dos outros em relação a você e a forma como cultiva sua imagem. É útil lembrar que estamos sempre em fluxo e crescendo. Você tem a capacidade de se moldar em uma identidade que pareça mais verdadeira e nutritiva para você. Atentar-se ao autocuidado e desenvolvimento pessoal será gratificante e o ajudará a manter o equilíbrio emocional. Quanto mais refletir conscientemente sobre quem você é e cultivar intencionalmente quem deseja ser, mais seguro e satisfeito se sentirá.

Pode ser útil considerar o elemento do signo na Casa 1 para entender sua abordagem de si mesmo e como sua identidade influencia suas necessidades emocionais. Se o elemento da Casa 1 for Terra, você provavelmente se identificará como pragmático e fundamentado. Sentirá segurança emocional quando puder construir um senso claro de si mesmo com limites identificáveis. Se Ar for o elemento da Casa 1, você pode adotar uma abordagem fluida e filosófica de si mesmo. Emocionalmente, apreciará a liberdade de mudar seu autoconceito e se beneficiará da autorreflexão intelectual (como escrever um diário). Os signos de Água na Casa 1 buscam profundidade emocional e conexão interpessoal. Sua Lua em Água apreciará um autoconceito que não é excessivamente estoico, mas raramente abraça toda a extensão emocional. Sua Lua em um signo de Fogo na Casa 1 estará interessada em um autoconceito de liberdade e autonomia. Observe o seu signo lunar específico para aprender mais sobre a natureza de suas necessidades emocionais.

DECODIFICANDO A CASA ONDE ESTÁ SUA LUA

+ Quais ideias você internalizou sobre quem você é e quem deveria ser transmitidas pela família, amigos e sociedade? Alguma delas parece verdadeira? Quais precisam ser abandonadas?

+ Que práticas regulares de autorreflexão você faz (por exemplo, registro em diário, terapia, prática espiritual)?

+ Como você pode abordar a autorreflexão e o desenvolvimento a partir de um espaço amoroso e sem julgamento?

Lua
na Casa 2

Realização emocional por meio do seu trabalho
e do cultivo da independência financeira

A CASA 2 é o lugar do seu dinheiro e bens. Aborda como você se mantém e adquire o sustento material da vida. Com a Lua aqui, seu bem-estar e segurança emocional estão intimamente ligados à sua segurança financeira e material. Garantir que possa se sustentar será essencial em sua vida. Ao se sentir estressado ou emocionalmente instável, você encontrará o equilíbrio cuidando de suas finanças pessoais. Talvez descubra que revisar regularmente sua planilha de orçamento é sua atividade de autocuidado favorita.

Você pode ter uma relação complicada com o dinheiro. A maior parte das pessoas tem. Raramente aprendemos hábitos financeiros saudáveis no início da vida e somos bombardeados com narrativas conflitantes sobre quanto dinheiro devemos ganhar, como devemos administrá-lo e em que devemos gastá-lo.

Os desafios de nossa sociedade moderna — dívidas, inflação, insegurança no emprego, custos de moradia disparados e assistência médica inacessível — tornam impossível que nos sintamos financeiramente seguros. Para você, é imperativo desenvolver um relacionamento viável e positivo com a forma pela qual você se sustenta. Isso não significa abraçar narrativas capitalistas ou se esforçar para ser o próximo Rockefeller. Ter a Lua na Casa 2 não significa acumular riqueza. Em vez disso, o objetivo é desenvolver um relacionamento saudável com o dinheiro e obter autonomia e segurança materiais, seja como for que as defina. Um bilionário pode nunca ter um momento de descanso, sempre pensando que não tem o suficiente, e um proprietário que vive da terra pode se sentir rico com uma colheita abundante. Seu bem-estar emocional tem mais a ver com sua percepção de dinheiro e segurança do que com a obtenção de uma quantia específica.

DECODIFICANDO A CASA ONDE ESTÁ SUA LUA

+ Que histórias você tem sobre dinheiro? Como você pode se desvencilhar de narrativas negativas, limitantes ou temerosas sobre isso?

+ Que atividades regulares na área de finanças pessoais podem servir como autocuidado para você?

+ O que significa segurança financeira e material para você e como pode criar um plano prático para alcançá-la?

Lua
na Casa 3

Realização emocional por meio da comunicação, como escrita, fala, ensino e/ou expressão artística

---

A CASA 3 é o local de comunicação em nossos mapas. Com a Lua posicionada aqui, você encontra satisfação emocional e bem-estar por meio da troca de ideias, especialmente ao se comunicar sobre suas emoções. Se a sua Casa 3 for um signo de Água, muitas vezes você pode comunicar suas emoções de forma não verbal e perceber as emoções dos outros de forma intuitiva e empática. Mas, na maioria das vezes, ter a Lua na Casa 3 significa que a comunicação verbal sobre as emoções será essencial para que se sinta seguro e satisfeito. Observe o signo da Casa 3 para obter informações sobre seu estilo de comunicação (consulte o Capítulo 5 para saber mais sobre seu signo lunar).

Além de comunicar sobre suas emoções, ter a Lua na Casa 3 traz alegria para a comunicação e aprendizado em geral. É bom conversar, conectar e compartilhar no estilo do seu signo lunar. Em termos de propósito de vida, envolver-se em atividades que alimentem seu desejo de estímulo intelectual e o ato de compartilhar o ajudará a encontrar esse senso de fluxo.

DECODIFICANDO A CASA ONDE ESTÁ SUA LUA

+ Como você normalmente comunica suas emoções? Qual o seu estilo de comunicação (veja seu signo lunar no Capítulo 5)?

+ Como você pode melhorar sua abordagem de comunicação para se sentir mais seguro e satisfeito em seus relacionamentos?

+ Quais assuntos você mais gosta de estudar e comunicar? Quais meios de comunicação são mais atraentes para você (por exemplo, conversar frente a frente com uma pessoa, desenvolver podcasts, criar vídeos, escrever, falar em público, ensinar)? Como trazer mais seus tipos preferidos de comunicação para sua vida pessoal e profissional?

Lua
na Casa 4

Realização emocional por meio do cultivo do seu lar e da sua família

A CASA 4 é o lugar do lar e da família em nossos mapas. Ter a Lua aqui indica que você atinge a satisfação emocional em casa e com a família. No sentido mais básico, você consegue descanso e restauração em sua casa. O tipo de lar que procura cultivar é descrito pelo seu signo lunar (Capítulo 5). As conexões familiares são fundamentais para sua vida e sensação de bem-estar. Saiba que a família pode ser definida da maneira que for mais favorável e significativa para você, ou seja, parentes de sangue ou pessoas que você escolhe como família.

Além de sua casa física e família direta, a Casa 4 também corresponde à sua ancestralidade. Você pode se sentir chamado a se conectar com sua herança cultural e encontrar satisfação ao entender de onde veio. A Casa 4 é o lugar mais privado em nosso mapa, o refúgio seguro que cultivamos fora dos olhos do público. Seu bem-estar emocional requer um pouco de reclusão para você recarregar as energias exigidas pela vida.

Em termos de propósito de vida, esse posicionamento pode simplesmente significar que você precisa criar tempo suficiente para ficar com a família e o lar e, assim, recarregar as energias de sua vida pública e profissional. Você pode encontrar um propósito mais profundo em casa sendo um pai ou mãe que ficam em casa. Alternativamente, também pode encontrar satisfação em funções que ajudam outras pessoas a criarem uma sensação de lar e família, como assistente social, coordenador de adoção ou designer de interiores.

DECODIFICANDO A CASA ONDE ESTÁ SUA LUA

+ Olhando para o seu signo lunar (Capítulo 5), que estilo de lar e família você precisa criar para se sentir emocionalmente realizado?

+ De que forma sua casa é o lugar onde você encontra equilíbrio emocional? Se houver aspectos de sua casa ou vida familiar que não apoiem seu bem-estar emocional, como eles podem ser resolvidos?

+ Qual é a sua relação com seus ancestrais e cultura? Como encontra satisfação emocional e conforto ao se conectar com suas raízes?

Lua
na Casa 5

Realização emocional por meio de suas buscas criativas, criando seus filhos e/ou trabalhando com crianças

---

A CASA 5 é o lugar da criatividade e das crianças. Ter a Lua aqui indica que você encontrará satisfação emocional por meio de seu trabalho criativo, criando seus próprios filhos ou talvez trabalhando com crianças (como professor ou cuidador). A natureza da sua criatividade é descrita pelo seu signo lunar (veja o Capítulo 5), que pode ajudá-lo a entender o tipo de trabalho criativo que o deixará mais realizado. Geralmente, se Terra for o elemento da Casa 5, você estará interessado em criar projetos tangíveis e se envolver em atividades táteis, talvez práticas. Os signos de Ar na Casa 5 estão mais preocupados com projetos criativos que envolvam a mente e permitam a troca de ideias e satisfaçam a sua curiosidade. Os signos de Água na Casa 5 estão interessados em trabalhos criativos que examinam ou evocam emoções profundas. Os signos de Fogo na Casa 5 se interessam por projetos que canalizam a paixão e sejam uma expressão da liberdade individual. Descobrir quais saídas criativas são mais saudáveis para você será a chave para sua saúde emocional e para viver o propósito de sua vida.

Com relação às crianças, a Lua na Casa 5 significa que você encontra satisfação emocional no envolvimento e no cuidado com as crianças. Paternidade, ensino, cuidado ou defesa da criança podem ser satisfatórios para o seu bem-estar emocional e para apoiar um senso geral de propósito em sua vida.

DECODIFICANDO A CASA ONDE ESTÁ SUA LUA

+ Considerando o seu signo na Casa 5 (veja o Capítulo 5), que tipos de projetos criativos chamam sua atenção?

+ Que papel as crianças desempenham em sua vida? Como conectar-se com elas ou cuidar de crianças contribui para uma vida com propósito?

+ Como o envolvimento nesse trabalho criativo ajuda você a manter o equilíbrio emocional?

Lua na Casa 6

Realização emocional por meio do cultivo de rotinas e hábitos diários saudáveis e produtivos

A CASA 6 é o local de trabalho e rotinas diárias. É como você organiza e vive sua vida. Ter a Lua na Casa 6 significa que você encontra realização emocional no dia a dia. Rotinas diárias saudáveis e de cuidado serão essenciais para o seu bem-estar. Consulte o seu signo lunar (Capítulo 5) para obter informações sobre o estilo de programação diária mais adequado para você. Sua vida profissional provavelmente também será essencial para o propósito de sua vida e seu senso de satisfação emocional. Enquanto a Casa 10 descreve sua carreira e legado como um todo, a Casa 6 corresponde ao trabalho que você realiza todos os dias. Há um desejo profundo no seu coração de se envolver em um trabalho significativo. Você não quer apenas um trabalho qualquer. Você se beneficiaria ao encontrar um emprego que seja satisfatório todos os dias e se conecte a objetivos significativos e de longo prazo. Veja a Parte IV deste livro para saber mais sobre o que sua Casa 6 indica e como encontrar um trabalho significativo.

DECODIFICANDO A CASA ONDE ESTÁ SUA LUA

+ Considerando seu signo lunar (Capítulo 5), que tipos de rituais e hábitos diários sustentam melhor seu bem-estar físico e mental?

+ Considerando o seu signo lunar, que estilo de trabalho diário e rotinas profissionais são mais gratificantes?

+ Como as tarefas e rotinas do dia a dia se conectam com um senso maior de propósito em sua vida? Elas apoiam objetivos de longo prazo ou se conectam com seus ideais?

Lua
na Casa 7

Realização emocional por meio de parcerias significativas e comprometidas

A CASA 7 é o local de parceria comprometida, incluindo românticas, amizades sérias e parceiros comerciais. Ter a Lua aqui significa que você encontra satisfação emocional ao se conectar individualmente com seus parceiros. Relacionamentos românticos e amizades de longo prazo são essenciais para o seu bem-estar. Se você tem um parceiro de negócios ou trabalha com clientes, também pode sentir que esses relacionamentos são emocionalmente satisfatórios. Essencialmente, você deseja formar laços profundos e significativos com outras pessoas.

Ter a Lua na Casa 7 não significa que você seja automaticamente adepto a promover relacionamentos saudáveis. Você se beneficiaria ao dedicar tempo para estudar as qualidades e estratégias desses tipos de relações. Como você comunica suas necessidades aos seus parceiros e os faz sentir seguros para compartilhá-las? Como constrói limites saudáveis? Como é o conflito construtivo e a resolução? Como a parceria comprometida é muito importante para o seu bem-estar emocional, seria sensato cultivar vários relacionamentos íntimos. Uma tendência desse posicionamento é jogar todas as escolhas emocionais em uma cesta — geralmente um parceiro romântico ou melhores amigos —, porém é uma grande pressão a se colocar em uma única relação. Criar uma rede íntima de relacionamentos significativos ajudará seu bem-estar e aliviará a dependência excessiva de qualquer relacionamento.

DECODIFICANDO A CASA ONDE ESTÁ SUA LUA

+ Quais parcerias são mais favoráveis ao seu bem-estar emocional? Que forma de cuidado e cultivo esses relacionamentos requerem para serem saudáveis e estimulantes para você e seus parceiros?

+ Que habilidades você pode desenvolver para apoiar parcerias saudáveis? Melhorar a comunicação? Aprender mais sobre seu estilo de apego?

+ Como suas parcerias trazem um senso de propósito para sua vida? Como honrar o papel crítico que esses relacionamentos desempenham em sua vida? Você pode priorizá-los? Como demonstrar gratidão a seus parceiros pelo valor e significado que eles trazem para sua vida?

Lua
na Casa 8

Realização emocional por meio de experiências transformacionais e cuidado com sua saúde mental

---

A CASA 8 é um lugar complexo no mapa natal, abrangendo vários tópicos aparentemente díspares. Nem todos os significados dessa casa entrarão em sintonia, então leia esta descrição e considere o que ressoa em você.

Ao considerar que a Lua está posicionada aqui, a primeira reflexão é sobre o conceito de encerramentos, transformações e novos começos. Você pode ser atraído por temas como finais, morte, luto, transformação e renovação. Outro assunto da vida relacionado à Casa 8 é a saúde mental, e as pessoas com Lua na Casa 8 podem ser chamadas a se envolver com essa temática, talvez trabalhando em profissões de saúde mental ou criando arte lidando com isso. A conexão direta desse posicionamento é o envolvimento com a profundidade e a intensidade emocional de assuntos frequentemente considerados tabus, sendo profundamente gratificante para você. O propósito de sua vida pode ser ajudar outras pessoas a explorar esses temas, talvez como artista ou psicólogo.

A Casa 8 também é o lugar do dinheiro e dos recursos que você está em débito ou compartilha com outros (por exemplo, empréstimos, impostos, bens compartilhados ou contas bancárias). Os recursos também podem incluir tempo e energia emocional. Ter a Lua na Casa 8 pode indicar que seu bem-estar emocional está relacionado com o equilíbrio da forma como você compartilha e colabora com os outros, especialmente aqueles com quem você tem vínculos financeiros. Por um lado, compartilhar recursos (tempo, dinheiro, alcance emocional) com seu parceiro ou entes queridos pode ser um lugar de apoio emocional para você. Encontrar esse equilíbrio com as pessoas proporciona segurança e paz. Em um sentido mais amplo, esse posicionamento pode apontar ao propósito de sua vida envolvendo a administração do dinheiro e bens de outras pessoas, talvez como um consultor financeiro ou agente literário.

Em termos de bem-estar emocional, esse posicionamento pode convocá-lo a cuidar de sua própria saúde mental. Observe o signo da Casa 8 (Capítulo 5) para obter informações sobre como você é ativado e regulado pelas emoções e adquirir estratégias de como encontrar o equilíbrio emocional.

DECODIFICANDO A CASA ONDE ESTÁ SUA LUA

+ Como você lida com temas de morte, transformação e renascimento, no âmbito pessoal e profissional? Como esse trabalho é gratificante para você?

+ Como o compartilhamento de recursos com outras pessoas oferece segurança e suporte?

+ O gerenciamento dos recursos dos outros desempenha um papel importante em sua vida? Como isso dá propósito à sua vida?

Lua
na Casa 9

Realização emocional por meio de viagens, aprendizagem e ensino

---

A CASA 9 é um lugar de aprendizado e filosofia. É a parte de nossas vidas em que buscamos a verdade e estabelecemos nossas crenças. Existem muitos caminhos para a compreensão metafísica: estudo formal em universidade, pesquisa independente, viajando para conhecer novos lugares e culturas, ou conhecimento espiritual e prática para encontrar a sabedoria divina. É nessas atividades que a Lua na Casa 9 encontra reabastecimento e descanso.

Em relação ao seu propósito, você pode se sentir chamado para uma vida de aprendizado. Olhe para o seu signo lunar (Capítulo 5) para obter informações sobre o que aprender ou o método de estudo. Além de investigar, você também pode discutir e ensinar a sabedoria que acumula como professor, autor, palestrante ou artista. Há um chamado para a aventura na Casa 9, então você pode se sentir atraído por lugares distantes e novas experiências. Encontrar tempo para se dedicar ao aprendizado, ao ensino, à filosofia e à espiritualidade o ajudará a manter o equilíbrio emocional.

DECODIFICANDO A CASA ONDE ESTÁ SUA LUA

+ Quais tópicos de estudo são emocionalmente os mais satisfatórios para você? Que verdades procura? Que viagens deve fazer para responder às suas grandes perguntas?

+ Quais práticas espirituais são mais nutritivas para você?

+ Em relação ao propósito de sua vida, o que você se sente chamado a aprender ou ensinar?

Lua
na Casa 10

Realização emocional por meio da construção de sua carreira e legado

A CASA 10 é o lugar da carreira e da vida pública. Quem tem a Lua colocada aqui é chamado aos olhos do público. Olhe para o seu signo lunar (Capítulo 5) para obter informações sobre como você deseja ser publicamente. Por exemplo, um indivíduo com a Lua na Casa 10 em Leão pode se sentir compelido a atuar como ator ou músico. Já alguém com a Lua na Casa 10 em Virgem pode se contentar com um palco menos visível, preferindo um trabalho servindo a outras pessoas, como na profissão médica. Na Parte IV, você aprenderá mais sobre o seu signo na Casa 10 e a natureza de sua carreira.

É pelo cultivo da carreira que você encontra satisfação. Isso não quer dizer que outros aspectos de sua vida não sejam importantes, mas sim que o trabalho desempenha um papel particularmente essencial em dar sentido à sua vida. Isso talvez não se aplique a todos e pode haver algum julgamento de outras pessoas que podem achar sua dedicação ao trabalho excessiva. Mas esta é a sua natureza: encontrar satisfação em seu trabalho. Como abraçar isso de uma forma que seja saudável e não o isole ou sobrecarregue demais?

DECODIFICANDO A CASA ONDE ESTÁ SUA LUA

+ Considerando o signo na sua Casa 10 (Parte IV), a que estilo de carreira ou vida pública você foi chamado? Como isso já aparece no seu trabalho ou na sua carreira idealizada? De que forma é emocionalmente satisfatório?

+ Como você define o equilíbrio entre vida pessoal e profissional? De que forma ele pode ser revitalizante e satisfatório?

+ Que conjunto da obra ou legado você deseja construir?

Lua
na Casa 11

Realização emocional por meio de encontro com amigos, construção de comunidade e/ou cultivo de clientes e patronos

A Casa 11 é o lugar de amigos, comunidades, patronos, clientes e fãs. Onde as pessoas se reúnem. Ter a Lua na Casa 11 indica que seu bem-estar emocional é cultivado com grupos de pessoas. Pode ser que esse grupo seja essencial para reabastecer seu copo emocional, ou que se apresentar diante de uma plateia de pessoas talvez o deixe mais satisfeito. Ou, ainda, que defender um determinado grupo de pessoas seja onde você encontra satisfação emocional. Outros com esse posicionamento podem se sentir chamados a construir uma comunidade, talvez como ativistas ou em uma profissão que lide com um conjunto de clientes. Qualquer um (ou todos) desses exemplos pode ser verdadeiro para você. O tema essencial é estar em conexão e com senso de comunidade com as pessoas que mais importam para você.

Considerar o elemento da Casa 11 dará uma ideia de como você deseja se envolver com a comunidade e como isso influencia seu bem-estar emocional. Geralmente, se o elemento da sua Casa 11 for Terra, você estará interessado em relacionamentos substanciais e firmes dentro da comunidade. Já os signos de Ar aqui estão mais preocupados com comunidades que permitem a troca de ideias e conexão intelectual. Os de Água, por sua vez, se interessam por conexões interpessoais que promovam a intimidade e permitam a profundidade emocional. E os de Fogo buscam comunidades de ação, paixão e aventura. Descobrir quais comunidades são mais nutritivas para você será fundamental para sua saúde emocional e para você viver o propósito de sua vida.

DECODIFICANDO A CASA ONDE ESTÁ SUA LUA

+ Que grupos de pessoas são mais importantes para você?

+ Que comunidades você deseja construir?

+ Considerando seu signo lunar (Capítulo 5), como você se envolve com a comunidade e como isso é emocionalmente satisfatório para você?

Lua
na Casa 12

Realização emocional por meio da introspecção pessoal e/ou experiências espirituais

---

A CASA 12 é o lugar das coisas ocultas, desde seus projetos secretos até o inconsciente e o mundo invisível do espírito e da sabedoria divina. Ter a Lua na Casa 12 indica que você busca segurança emocional e reabastecimento na solidão. Ter bastante tempo sozinho para refletir ou projetos pessoais será emocionalmente reconfortante para você.

Você também pode se sentir chamado a explorar lugares invisíveis em busca da sabedoria ali escondida. Introspecção psicológica, meditação, rituais espirituais, canalização espiritual, interpretação de sonhos, qualquer método que busque extrair entendimento de outro reino é indicado pela Lua na Casa 12.

Para alguns, essa convocação para lugares escondidos é muito mais literal. Você pode ser chamado para trabalhar com pessoas encarceradas ou confinadas de algum modo, como em um hospital. Você pode se interessar por coisas invisíveis ao olhar e encontrar consolo na física de partículas. Seja físico ou metafísico, você deseja enxergar o que os outros não conseguem ou optam por não ver.

A Casa 12 também é conhecida como o lugar da ruína pessoal. Se a Casa 1 é o lugar do eu e onde construímos a nós mesmos, a Casa 12 é onde desconstruímos a nossa identidade. A Lua na Casa 12 procura dissolver o ego e a ilusão de separação para sentir uma sensação de unidade e transcendência. Como você lida com o que não é racional? Que atividades ajudam sua mente a acalmar para que você possa estar pleno e presente no momento? Que atividades evocam uma sensação de admiração sublime?

DECODIFICANDO A CASA ONDE ESTÁ SUA LUA

+ Que práticas espirituais ou psicológicas permitem que você se conecte com o inconsciente?

+ Que situações ou lugares ocultos chamam sua atenção? O que você deseja descobrir?

+ Como a solidão influencia seu autocuidado? Você consegue criar espaço para ficar sozinho e olhar para dentro?

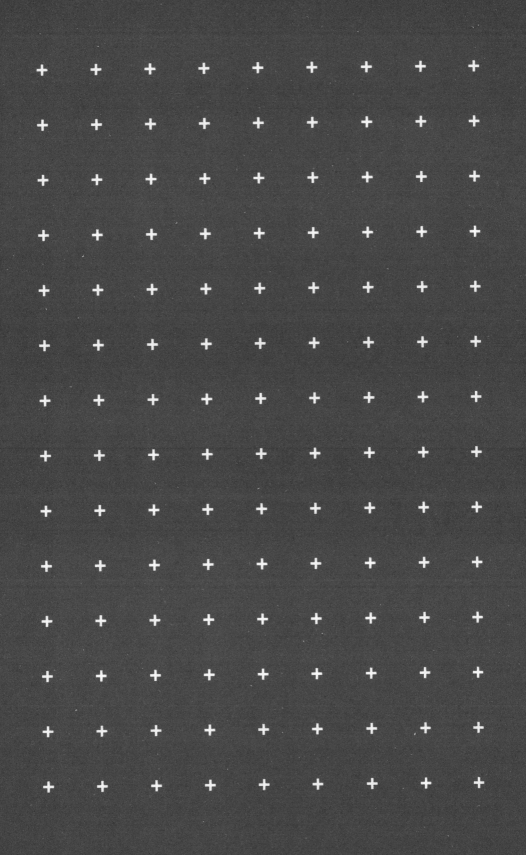

DECODIFICANDO AS ESTRELAS
Emily Brontë

Data de nascimento 30 de julho de 1818
Hora de nascimento 14h49
Local de nascimento Thornton, Inglaterra

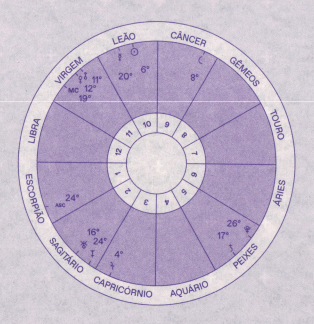

EMILY BRONTË foi uma autora inglesa que ficou famosa por seu único romance, *O morro dos ventos uivantes*. Em sua vida pessoal, era uma notória reclusa. Seu romance também se aproximou de temas como lar e família, embora com um toque propositadamente gótico. Ao olhar para seu mapa, podemos ver indicações desses atributos e de como se fundiram no propósito de sua vida como escritora.

Câncer é o signo da família e do lar, e os indivíduos com a Lua nesse signo frequentemente encontram segurança emocional e realização nesses domínios.

Brontë era uma típica pessoa caseira, que aparentemente saía de casa para visitar a igreja e vagar pelos pântanos onde morava. Suas poucas tentativas de viagens de longa distância acabaram sendo desconsideradas e logo abandonadas. A Casa 9 é o local das viagens de longa distância, portanto, ter a Lua nessa casa pode indicar a necessidade de se aventurar no exterior; entretanto, como o signo da Casa 9 é Câncer, o escopo das viagens é restrito ao lar. Era em casa que, segundo sua irmã Charlotte, Emily sentia a liberdade necessária ao seu bem-estar.

A Casa 9 também é o local de estudo, escrita e publicação. Ter a Lua aqui indica uma relação entre o bem-estar emocional de Brontë e seu trabalho criativo. Brontë escreveu histórias e poesias originais desde pequena, muitas vezes como um esforço colaborativo junto a sua irmã Anne (escrever com a família talvez indique uma expressão adicional de Câncer na Casa 9). O Sol de Emily Brontë está em Leão na Casa 10 da carreira, o que significa que o propósito de sua vida está centrado na autoexpressão por meio de sua vida pública. Equilibrando o desejo de seu Sol de brilhar por meio de seu trabalho criativo com o chamado de sua Lua à privacidade e à vida doméstica, o legado final de Brontë foi o de uma autora ofuscada por um pseudônimo, ganhando destaque somente depois da sua morte. Isso não quer dizer que esses aspectos de seu mapa indiquem morte prematura ou fama póstuma, mas sim que indicam fama e um desejo de ficar longe dos olhos do público. Ela morreu apenas um ano após a publicação de seu romance, mas, se tivesse vivido mais, provavelmente teria continuado seu estilo de vida recluso, apesar da crescente aclamação.

Os temas de seu romance são cancerianos (focados no lar e na família) e escorpianos, motivados por seu Ascendente em Escorpião. *O morro dos ventos uivantes* é uma história de lutas familiares pelo poder, amor proibido e desigualdades sociais. Possui numerosos elementos góticos, como brutalidade física e emocional, vingança, morte, angústia mental e assombrações. O romance reúne as preocupações escorpianas de Brontë com o macabro, misturadas com sua Lua em Câncer na Casa 9, focada em casa e na família, como uma forma de autoexpressar publicamente, por meio da escrita, seu Sol na Casa 10 em Leão. Emily Brontë viveu de acordo com sua verdadeira natureza e o produto de sua autêntica vida continua a ser aclamado até hoje.

Decifrando o código
Seu bem-estar emocional

SIGNO DA LUA + CASA

Que aspectos da descrição do seu signo lunar ressoam em você?
Como o seu signo lunar ajuda você a entender a natureza de suas emoções?

Quais temas da vida conectados à sua casa lunar soam importantes para o seu bem-estar emocional?

Considerando seu signo lunar e a casa onde sua Lua está, que estratégias mais o ajudariam a manter o equilíbrio emocional?

LUA + SOL + ASCENDENTE

Olhando para os signos do Sol e da Lua, de que maneira sua natureza essencial complementa e apoia seu bem-estar emocional? De que maneira entram em conflito?

Como a principal motivação de nossa vida (seu Ascendente) se relaciona e se mistura com seu emocional (signo lunar)? De que maneira eles trabalham juntos e como entram em conflito?

Observe os elementos do Sol, Lua e Ascendente. Eles estão todos no mesmo elemento, em apenas dois ou em três diferentes? Como essa mistura de elementos se manifesta em sua abordagem para o mundo (reveja os significados dos elementos nos Capítulos 1 e 3)?

Considerando os regentes das casas do Sol, Lua e Ascendente, quais áreas da vida são mais importantes para você? Como se cruzam de maneira significativa? Onde você encontra fluxo ao misturar esses temas nessas casas?

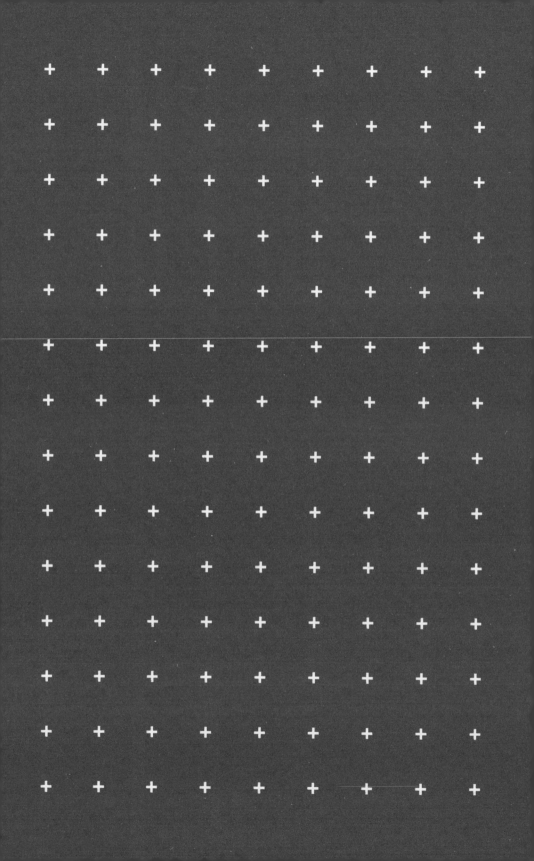

IV
Seu trabalho

Encontrar o propósito da sua vida é, no nível mais essencial, alcançar a compreensão de si mesmo — total e sem desculpas — e viver para expressar o seu eu autêntico. Espero que você, ao ler estes capítulos e refletir sobre seu próprio mapa, veja que o propósito de sua vida é ser você mesmo realizando qualquer trabalho ou atividade. Isso posto, vivemos em um mundo material e todos nós somos, à nossa maneira, criativos, curiosos e produtivos. Sentimo-nos motivados a praticar hobbies e, para a maioria de nós, temos que trabalhar para viver. Como o propósito de sua vida se conecta com sua carreira? O que seu mapa natal diz sobre os tipos de trabalho que lhe serão mais gratificantes? Nesta parte, vamos nos aprofundar no que seu mapa natal tem a dizer sobre como você ganha dinheiro, de qual forma prefere trabalhar e a natureza de sua vocação.

Você notará que a Parte IV está organizada de forma diferente das seções anteriores. Na maior parte do livro até agora, nos concentramos em um luminar ou planeta específico: o Sol, o regente do Ascendente e a Lua. Nesta seção, veremos três casas — 2, 6 e 10 — que, juntas, descrevem sua abordagem em relação ao dinheiro e ao trabalho e são chamadas, coletivamente, de **Casas de Substância**. As Casas de Substância sempre estarão no mesmo elemento, criando um tema energético consistente para a forma como você aborda sua vida profissional. A Parte IV começa com o Capítulo 7, **Suas Casas de Substância**, dando a você uma visão geral dessas três casas e o significado de seus elementos. Os Capítulos 8 a 11, em seguida, mergulham profundamente em suas Casas de Substância por elemento e signo.

7
Suas Casas de Substância

COMO JÁ DISCUTIMOS, compreender os posicionamentos do Sol, do Ascendente e da Lua lhe dá uma visão dos tipos de trabalho que se alinham com sua verdadeira natureza. A posição do seu Sol ajuda você a observar as atividades que o energizam e que seu eu essencial deseja expressar. O Ascendente fornece informações sobre o que o motiva e deve ajudá-lo a identificar os tipos de trabalho que atendem a essa motivação. Seu signo lunar explica do que você precisa para se sentir emocionalmente seguro e satisfeito, o que pode ajudar a direcionar para os tipos de trabalho e ambientes de trabalho que serão mais nutritivos para você.

Mas seu mapa natal tem mais a dizer sobre sua vida profissional. Na verdade, três das doze casas em seu mapa astral lidam diretamente com o seu trabalho: as casas 2, 6 e 10. Às vezes, são chamadas de Casas de Substância, pois lidam com os aspectos de sustentação material de sua vida:

+ CASA 2: As habilidades com as quais você ganha dinheiro e como você administra suas finanças e bens.
+ CASA 6: Seu trabalho e hábitos diários.
+ CASA 10: Sua carreira, vocação e vida pública.

A Parte IV irá orientá-lo sobre suas Casas de Substância, dando-lhe insights sobre seu relacionamento com o dinheiro, habilidades de trabalho, hábitos e o tipo de carreira que deseja construir.

O elemento em suas Casas de Substância

Antes de se aprofundar nos signos que ocupam essas três casas em seu mapa, primeiro você deve considerar seu elemento. Ao usar o sistema de Casas Iguais, as Casas de Substância estarão sempre no mesmo elemento (consulte Decifrando o código para uma atualização sobre sistemas de casas). Portanto, se sua Casa 2 estiver em um signo de Terra, as Casas 6 e 10 também estarão. Se sua Casa 2 estiver em um signo de Fogo, então as Casas 6 e 10 também estarão, e assim por diante. Isso significa que existe uma energia elementar consistente sobre como você se relaciona com dinheiro e trabalho.

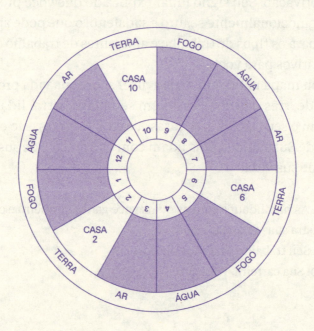

▽ **Terra**   Sua abordagem para o trabalho é pragmática, estruturada e orientada para alcançar objetivos.

△   **Ar**   Sua abordagem para o trabalho é comunicativa, cerebral e inquisitiva.

▽ **Água**   Sua abordagem para o trabalho cria relações, é intuitiva e emocionalmente inteligente.

△ **Fogo**   Sua abordagem para o trabalho é apaixonada, aventureira e orientada para a ação.

Depois de conhecer o elemento de suas Casas de Substância e como isso indica sua abordagem com o dinheiro e trabalho, veremos a forma pela qual cada signo imbui um estilo diferente aos temas da casa que ocupa. Suas Casas de Substância podem ser todas em Terra, mas o que significa ter uma Casa 2 em Touro em relação a uma Casa 2 em Capricórnio?

As Casas de Substância e o restante do seu mapa

Ao ler as descrições das Casas de Substância, algumas podem soar imediatamente verdadeiras e outras podem não se encaixar bem ou até mesmo incomodar você. A razão para isso tem a ver com os signos e os elementos em que seus planetas e luminares estão localizados. Embora você tenha todos os doze signos do zodíaco em seu mapa, existem apenas oito planetas (Mercúrio, Vênus, Marte, Júpiter, Saturno, Urano, Netuno e Plutão) e dois luminares (Sol e Lua), então com certeza você terá pelo menos dois signos (e, portanto, duas casas) que não possuem planetas ou luminares. Os signos e elementos onde os planetas e luminares são colocados colorem sua natureza. Discutimos a respeito do Sol, da Lua e a importância do signo Ascendente, mas os outros planetas também fornecem informações adicionais sobre a sua natureza. Frequentemente, a posição de planetas e luminares terá mais peso para alguns signos ou elementos, enquanto outros signos e elementos não terão planetas ou luminares. Você sentirá uma afinidade com as qualidades dos signos e elementos com maior peso em seu mapa e poderá ter dificuldade para se conectar com as qualidades dos elementos e signos que não tenham esse mesmo peso. Mesmo assim, todos os signos e elementos fazem parte de você e são importantes para entender como é a sua relação com o mundo.

De que forma isso influencia seu relacionamento com suas Casas de Substância? O elemento e os signos de suas Casas de Substância descrevem suas melhores estratégias para obter sucesso com dinheiro e trabalho. Se você tiver planetas ou luminares nas Casas 2, 6 ou 10, provavelmente terá alguma afinidade com o elemento das Casas de Substância e mais facilidade em empregar essas estratégias de sucesso. No exemplo do Mapa 1, há vários planetas e luminares nas Casas de Substância (Lua em Gêmeos na Casa 2; Saturno, Júpiter, Plutão, Sol e Mercúrio na Casa 6). Essa pessoa se conectaria fortemente com as qualidades dos signos de Ar, sendo, provavelmente, comunicativa, cerebral e curiosa. Essas são as mesmas qualidades essenciais em suas estratégias de sucesso no trabalho e no dinheiro. Eu esperaria que essa pessoa se sentisse confortável e com um ambiente e que seu trabalho fosse essencial para o propósito de sua vida.

Por outro lado, para indivíduos com poucos ou nenhum planeta em suas Casas de Substância, podem não sentir muita afinidade com a natureza desse elemento. No exemplo do Mapa 2, o indivíduo (nascido duas horas depois da pessoa do exemplo do Mapa 1) tem apenas um planeta nas Casas de Substância (Urano em Escorpião na Casa 6). Essa pessoa tem muitos planetas em signos de Ar e pode ter dificuldade para se relacionar com a natureza aquosa de suas Casas de Substância. Ter mais peso no elemento Ar pode tornar essa pessoa cerebral e muitas vezes presa em sua própria cabeça, enquanto suas Casas de Substância remetem à intuição, construção de relacionamentos e inteligência emocional, estratégias-chave para abordar o

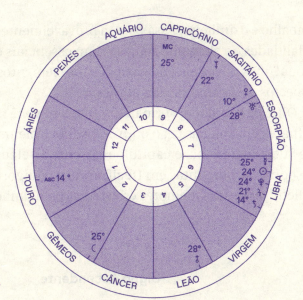

Exemplo 1: muitos planetas e luminares nas Casas de Substância.

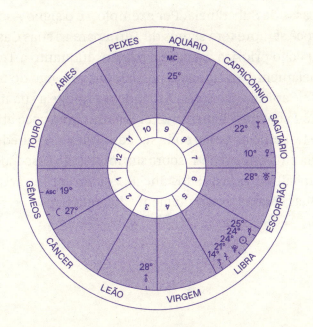

Exemplo 2: poucos planetas nas Casas de Substância.

trabalho e o dinheiro. Essa pessoa provavelmente descobriria que as qualidades do elemento Água seriam essenciais em sua vida profissional, mas talvez ela não goste desses elementos tanto quanto dos aspectos do Ar em sua vida profissional.

Olhe para o seu próprio mapa e veja se você tem planetas ou luminares em sua Casa 2, 6 ou 10. Observe o elemento de suas Casas de Substância e leia o capítulo referente ao elemento, em seguida, responda às perguntas em Decifrando o código: Seu trabalho para refletir sobre suas melhores estratégias para dinheiro e trabalho.

Signo Ascendente

Além de verificar se você tem planetas ou luminares nas Casas de Substância, é importante observar que o elemento do signo Ascendente sempre estará um pouco em desacordo com o elemento das Casas de Substância. Por exemplo, se o signo Ascendente for Fogo, você sempre terá signos de Terra para as suas Casas de Substância. O Fogo prioriza a ação e a paixão, enquanto a Terra prioriza o planejamento e o trabalho persistente ao longo do tempo. Lembre-se do Capítulo 3: o signo Ascendente reflete a sua motivação na vida. Tê-la em um elemento diferente de como você aborda o dinheiro e o trabalho às vezes pode ser conflitante. A sabedoria que a astrologia encoraja é refletir sobre sua motivação (Ascendente) e como você trabalha (Casas de Substância), e então encontrar uma síntese dessas duas energias aparentemente divergentes.

O Meio do Céu

O Meio do Céu, ou *Medium Coeli* (MC), é um ponto calculado que representa a posição mais alta que o Sol alcançou ao longo da eclíptica no dia do seu nascimento. O Meio do Céu fornece informações sobre vida pública, carreira e reputação. Em alguns sistemas de casas (por exemplo, Placidus), o Meio do Céu marca o início da Casa 10. Neste livro, usamos o Sistema de Casas Inteiras, o que significa que o Meio do Céu pode cair em uma casa diferente da Casa 10. Se o seu Meio do Céu está na Casa 10, então há um foco adicional no significado do seu signo na Casa 10, sua carreira e legado.

Caso o seu Meio do Céu aparecer em um lugar diferente da Casa 10, a temática dessa casa será mesclada com a interpretação de carreira da sua Casa 10. Por exemplo, se o seu Meio do Céu estiver na sua Casa 9, os temas na área de publicações, escrita, educação, ensino superior, viagens, filosofia ou espiritualidade serão importantes para sua carreira. Consulte a página 24 para relembrar os significados das casas se o seu MC estiver fora da Casa 10.

....

SUAS CASAS DE SUBSTÂNCIA

Preencha os espaços em branco com
informações de seu próprio mapa natal.

O elemento de suas Casas de Substância: _____
Seu signo na Casa 2: _____
Seu signo na Casa 6: _____
Seu signo na Casa 10: _____
Seu Meio do Céu: _____

8

Casas de Substância
Terra

TOURO VIRGEM CAPRICÓRNIO

A TERRA COMO O ELEMENTO de suas Casas de Substância significa que, financeira e vocacionalmente, você está preocupado em construir estruturas estabelecidas em alicerces firmes e duradouros. Ao construir um legado, você não pode ter pressa. A melhor abordagem é metódica e lenta. Esteja você construindo um pé-de-meia, um negócio ou uma cadeira artesanal sob medida, há um objetivo claro em mente e um caminho para alcançá-lo. Você não se intimida com o tempo ou o esforço.

O foco do seu trabalho está voltado para resultados materiais. Qual é o resultado tangível de seu trabalho? O que você criou? Mais que outros elementos, você está interessado em conquistas financeiras e profissionais que podem ser evidenciadas de forma concreta — em um balanço patrimonial, uma galeria de arte, uma banca de feirante, um relatório trimestral de acionistas. Você se sente mais no fluxo e bem-sucedido no trabalho quando vê uma conexão clara entre seu esforço e um resultado valioso para você.

Se você tem vários planetas ou luminares em signos de Terra, essa descrição provavelmente soará verdadeira para você. A posição dos planetas em suas Casas de Substância atrai o foco de sua vida para a carreira e a natureza terrena desses signos. Você abordará com mais naturalidade a organização do seu dinheiro de maneira estruturada, terá preferências por hábitos e rotinas diárias e sua carreira será construída constantemente ao longo do tempo.

Se você não tiver muitos planetas ou luminares colocados nessas Casas de Substância, no entanto, poderá se sentir em conflito com a rigidez e o esforço de longo prazo que essa energia de Terra exige. Por exemplo, uma pessoa com Ascendente em Sagitário e Sol em Gêmeos com poucos ou nenhum planeta nos signos de Terra se sentirá motivada pela ação, curiosidade e mudança, enquanto talvez se sinta irritada por uma vida de trabalho estruturada. Mas a natureza das habilidades profissionais dessa pessoa, sua relação com o dinheiro e sua trajetória de carreira têm características do elemento Terra. Elas estão destinadas a se alinhar ao estilo terreno de suas Casas de Substância e se beneficiarão da conexão com essa parte de sua verdadeira natureza.

Como você pode se alinhar com a natureza do elemento Terra em suas Casas de Substância, especialmente se não tiver muitos planetas em signos de Terra e se sente desconectado dessas abordagens? Leia a descrição dos seus signos nas Casas 2, 6 e 10. Veja como eles ressoam em você. O que parece ser uma abordagem nutritiva e de apoio e o que nessas descrições irrita você? Se você sofre para estabelecer uma estrutura e a disciplina que os signos de Terra dessas casas indicam, considera buscar ajuda? Poderia trabalhar com seu chefe para definir metas mais claras, baixar um aplicativo de orçamento ou encontrar um coach de carreira? A responsabilidade externa pode ser particularmente útil para os que tiverem Terra em suas Casas de Substância e aqueles com poucos posicionamentos de Terra em geral. Depois de ler as descrições dos signos, responda às perguntas em *Decifrando o código: Seu trabalho* para refletir como as experiências de trabalho anteriores capitalizaram sua natureza de trabalho terrena e como você pode se alinhar melhor com essa parte de sua natureza no futuro.

Casa 2

A Casa 2 diz respeito ao seu dinheiro e ativos, como você os administra e o que produz com as habilidades que possui. Ter um signo de Terra na sua Casa 2 significa que você está particularmente preocupado com o acúmulo de riqueza monetária (enquanto outros signos podem estar interessados em ativos menos tangíveis). Você aborda o gerenciamento de seu dinheiro de maneira metódica e estruturada. Você também emprega as habilidades únicas do signo de Terra que estiver na Casa 2 para ganhar dinheiro. Vamos dar uma olhada mais de perto em todos os signos possíveis de Terra na Casa 2.

Touro

Sendo um signo Fixo, Touro é o mais teimoso e laborioso de todos os signos de Terra. Touro não será apressado. Ele escolhe um caminho e se compromete de todo o coração com esse plano. Você está satisfeito com investimentos de longo prazo, sabendo que uma pequena semente plantada na primavera trará grandes retornos na colheita. Talvez você prefira uma abordagem de investimento praticamente sem intervenção, em que define o planejamento e o deixa rodar em segundo plano, verificando a rega, podando e solucionando pragas à medida que sua colheita cresce de forma constante.

Mesmo com sua propensão ao esforço consistente ao longo do tempo, e apesar da aversão taurina ao risco ou à ação precipitada, você ainda pode ter dificuldade em ser responsável com seu dinheiro. Touro é um signo regido por Vênus que ama não só os prazeres que o dinheiro pode comprar, mas também, se não mais, a segurança que uma renda estável e uma poupança saudável podem proporcionar. Seja honesto consigo mesmo sobre qualquer tendência à extravagância insustentável e procure priorizar seu bem-estar financeiro de forma que o faça sentir-se seguro e satisfeito. Como administrar a segurança financeira, bem como os prazeres indulgentes que tornam a vida agradável?

Além de sua abordagem às finanças pessoais, o signo na Casa 2 também descreve as habilidades que você emprega para ganhar dinheiro. As habilidades taurinas são uma expressão tátil das qualidades venusianas: arte, artesanato, construção e jardinagem — qualquer coisa relacionada à manipulação de materiais físicos em produtos práticos ou esteticamente agradáveis ou ao cultivo do mundo natural. Touro também está associado a sistemas financeiros, e tê-lo na Casa 2 pode corresponder a trabalhar com finanças.

♍
Virgem

Virgem é regido por Mercúrio, deus das viagens e comunicações rápidas. Existe uma energia cerebral ocupada em Virgem que, para você, é direcionada a suas finanças pessoais e em como ganha dinheiro. Em termos de administração do dinheiro, Virgem na Casa 2 realiza uma organização meticulosa. Planilhas, lembretes de calendário para pagamentos, metas de economia, aplicativos para controlar seus gastos — você adora tudo isso. Você não é passivo em relação às suas finanças; em vez disso, monitora suas receitas, gastos e investimentos com um olhar crítico para melhorias. A menos que tenha a maioria de seus planetas e luminares em signos de Fogo ou Ar, você provavelmente será avesso ao risco, mais interessado em gerenciar o que pode controlar do que apostar em empreendimentos financeiros voláteis.

As habilidades com as quais você ganha dinheiro incluem o talento virginiano para a perfeição. Você identifica erros e oportunidades de melhoria. É adepto ao controle de qualidade, correção e feedback construtivo. Virgem também está frequentemente relacionado com a carreira médica e outras profissões de cura, então você pode se sentir chamado para trabalhar nessa área. Virgem também é um signo dedicado ao serviço aos outros, o que pode ser uma característica de como você ganha dinheiro.

Capricórnio

Ter Capricórnio na Casa 2 confere uma abordagem às finanças pessoais que é orientada para objetivos, provavelmente, de maneira tradicional. Capricórnio é levado a trabalhar diligentemente para atingir novos e grandes objetivos. Você se sentirá alinhado ao definir e alcançar metas financeiras. Você terá preferência por empregos que tenham incentivos financeiros relacionados ao desempenho e aumentos salariais estruturados. Você é motivado a alcançar objetivos financeiros e sente uma sensação de realização e controle a cada nova conquista. Se tem a maior parte de seus planetas em signos livres de amarras como Gêmeos, Peixes ou Sagitário, essa descrição talvez não se encaixe em você. Mesmo assim, Capricórnio é a natureza de como você aborda o dinheiro de maneira mais eficaz. Se a rigidez de Capricórnio lhe parecer estranha, você pode buscar conhecimento externo ou com um coach financeiro para ajudá-lo a estruturar metas financeiras e profissionais. Você pode achar que ser mais disciplinado e orientado para objetivos financeiros parece mais natural do que você pensava.

Em termos das habilidades com as quais você ganha dinheiro, a principal habilidade de Capricórnio é a sua tenacidade para a realização. Trata-se de uma habilidade para realizar, não importa como. Capricórnio é um signo regido por Saturno, e esse é o planeta das regras e da estrutura. Mesmo se você tiver um Sol em Peixes, que não necessita de estruturas nem tem preocupações, ter Capricórnio na Casa 2 significa que você tem alguma facilidade em criar caminhos para os resultados desejados (para você ou, talvez, clientes) e essa é uma habilidade primária com a qual você ganha dinheiro.

Casa 6

A Casa 6 refere-se ao seu trabalho diário, agenda do dia e hábitos regulares. Ter um signo de Terra em sua Casa 6 impregna esses aspectos da vida com uma energia estável e aterrada. Vamos dar uma olhada mais de perto em todos os signos possíveis de Terra na Casa 6.

Touro

Enquanto os outros dois signos de Terra tendem a ter uma natureza estruturada, Touro é mais como um prado verdejante selvagem do que um jardim murado bem cuidado. Em seus rituais diários e no trabalho do dia a dia, você está mais interessado em prazer e beleza do que em organização e eficiência. Ter uma rotina diária que priorize cafés da manhã ou almoços descontraídos, um espaço de trabalho esteticamente agradável, descansar, ouvir música e deixar a vida levar será muito satisfatório para você. As coisas serão feitas no seu tempo, não antes. Se você tem planetas ou luminares em Capricórnio ou Virgem, pode ter uma maior afinidade com estruturas e horários, mas se a maioria de seus planetas cair em signos de Água, Ar ou Fogo, é provável que tenha uma abordagem mais casual de sua rotina diária.

De que maneiras você pode trazer o prazer venusiano para sua vida diária? Considere rituais clássicos de autocuidado, embelezando sua mesa ou separando tempo para relaxamento e beleza em sua semana. Pode haver um julgamento social contra o prazer e o descanso em nossa vida profissional, como se fosse a antítese de ser produtivo e atingir seus objetivos, mas você sabe que isso é uma falsidade remanescente de uma era industrial antiquada. Você vê que o descanso e a beleza apoiam seu trabalho, nutrindo sua saúde física e mental. Além das rotinas diárias de trabalho, a Casa 6 engloba os hábitos que sustentam sua saúde física. Tempo de silêncio, prazer e seguir seu próprio ritmo embasam seu trabalho, bem como o seu bem-estar físico. Sua imaginação precisa de espaço para inspiração. Resista à retórica da rotina diária. Encontre o seu próprio ritmo.

Virgem

Ter Virgem em sua Casa 6 significa que suas rotinas diárias se beneficiam de uma estrutura meticulosa. Você está sempre procurando maneiras de melhorar a eficiência: organizando seu tempo com um calendário detalhado, utilizando aplicativos de produtividade e agendamento ou automatizando tarefas rotineiras. A atenção aos detalhes em seus hábitos diários — pessoais e profissionais — renderá grandes dividendos, por isso vale a pena o esforço de estabelecer sistemas de produtividade e avaliar regularmente a eficácia de seus métodos.

Virgem também é um signo que associa o serviço aos outros, especificamente à área médica, de modo que você pode descobrir que os empregos nos quais você ajuda os outros todos os dias, em especial as modalidades de cura, serão mais satisfatórios. Além das rotinas diárias de trabalho, a Casa 6 engloba seus rituais pessoais de saúde. Dada a afinidade de Virgem com o bem-estar e os cuidados físicos, a atenção às rotinas de saúde será especialmente importante. Certifique-se de que a rotina inclua hábitos saudáveis para seu corpo e mente. Virgem é um signo ocupado e diligente e você tende a se esgotar. Colhemos o que plantamos, então adicione autocuidado à sua programação.

♑
Capricórnio

Ter Capricórnio em sua Casa 6 significa que seu trabalho diário e sua rotina estão focados em realizações. O que você está realizando hoje para estar ainda mais próximo do seu objetivo? Saturno, o regente de Capricórnio, preocupa-se com a estrutura e, portanto, pode ser mais essencial estabelecer rotinas; mas você pode se sentir mais produtivo se puder vincular seu trabalho e rituais diários a realizações de longo prazo. Profissionalmente, é útil pensar em como seu trabalho diário serve de base para a carreira que você está construindo (consulte sua Casa 10 para saber mais sobre isso). A Casa 6 de Capricórnio nos lembra que são as ações que tomamos todos os dias que culminam em nossas realizações de longo prazo. O que realmente importa para você a longo prazo (profissionalmente ou não)? Como suas rotinas diárias ajudam ou atrapalham essas metas de longo prazo?

Além das rotinas de trabalho, a Casa 6 também aborda a nossa saúde e os rituais diários que sustentam nosso bem-estar físico. Rituais disciplinados de saúde e estabelecimento de metas saudáveis para si mesmo podem ser particularmente proveitosos para você.

Casa 10

Enquanto sua Casa 2 fala sobre habilidades de trabalho e a Casa 6 descreve seu trabalho diário, o signo da Casa 10 descreve a natureza geral de sua carreira e vida pública. Qual legado você está construindo? De que forma gerencia o trabalho e a imagem que apresenta ao mundo? Ter um signo de Terra na sua Casa 10 geralmente confere uma preocupação com resultados tangíveis e mensuráveis para sua carreira. Você quer construir ou crescer em algo. Vamos dar uma olhada mais de perto em todos os signos possíveis de Terra na Casa 10.

Touro

Touro na sua Casa 10 colore sua carreira com os tons delicados de Vênus. A beleza, o prazer, o mundo natural, a arte, o artesanato — essas são as competências de Touro. Isso significa que você terá uma carreira como marceneiro ou chef? Talvez. Se há planetas ou luminares em Touro na Casa 10, é mais provável que você esteja interessado em uma carreira que envolva os prazeres dos cinco sentidos. Mais frequentemente, porém, a Casa 10 em Touro lança uma tonalidade venusiana em sua carreira geral, seja ela qual for. Considere sua natureza essencial (signo solar), o que o motiva (o Ascendente) e as habilidades com as quais você ganha dinheiro (Casa 2). Juntos, esses significados ajudam você a entender o trabalho que veio fazer no mundo. Adicione uma pitada de luxo taurino e o que você ganha?

Todas as pessoas com Touro na Casa 10 têm Leão como signo Ascendente (consulte o Capítulo 3 para saber mais sobre o Ascendente), o que significa que você está motivado a se expressar autenticamente e a ser reconhecido e aplaudido por suas habilidades e desempenho. Como seu entusiasmo leonino é sustentado por suas Casas de Substância no elemento Terra? Como seu Touro na Casa 10 o ajuda a traduzir seu impulso de Leão para se expressar em um corpo de trabalho substantivo? Com o Ascendente em Leão, o seu Sol é duplamente importante, pois também é o regente do seu signo Ascendente (consulte o Capítulo 4). Ao se perguntar como você está motivado para se expressar, considere seu signo solar e a respectiva casa. Que carreira você deseja construir que esteja alinhada com a natureza do posicionamento do seu Sol? Como as qualidades taurinas ajudam a fundamentar e apoiar a carreira e o legado que você está construindo a partir de sua autoexpressão?

♍
Virgem

Ter Virgem na sua Casa 10 constitui uma carreira dedicada ao aperfeiçoamento ou aprimoramento. O que você se sente chamado a aperfeiçoar é informado por sua natureza essencial (signo solar). Como as habilidades e desejos de seu signo solar se misturam com o impulso virginiano de avaliar e melhorar sua carreira? Virgem está associado ao serviço aos outros e às áreas de cura. No caso das profissões nesse setor, fica claro como as habilidades dos virginianos para identificar doenças e conhecer o remédio perfeito são poderosas. Mas você pode ajudar outras pessoas a melhorar sem ser médico, é claro. Onde se sente chamado profissionalmente para empregar o cuidado prático e sensato de Virgem?

Todas as pessoas da Casa 10 de Virgem têm Sagitário como Ascendente, o que significa que você é motivado pela energia sagitariana (consulte o Capítulo 3 para saber mais sobre o Ascendente). Fé, otimismo e um desejo de conhecer e entender verdades universais e significativas é o que faz você levantar da cama pela manhã. Sagitário também é um signo que compreende e aceita todas as pessoas e caminhos, o que auxilia o lado virginiano voltado a uma carreira de serviço aos outros. Como seu calor e senso de aventura se misturam com o desejo virginiano de ajudar e melhorar?

♑
Capricórnio

Ter Capricórnio na Casa 10 constitui o legado profissional de alcançar realizações e ser reconhecido publicamente por elas. Capricórnio mira o cume, traça um caminho e persegue tenazmente a trilha até atingir o topo. E sempre há outro pico mais alto. Por ser um signo com características mais tradicionais, você pode se encontrar em uma carreira igualmente tradicional com uma rota para avançar bem delineada, embora se houver Urano na Casa 1 ou na Casa 10, ou se Urano for o regente de seu signo solar, você pode marchar ao ritmo de seu próprio tambor.

Seu Ascendente é Áries (veja o Capítulo 3), o que significa que sua motivação na vida é iniciar a ação e lutar por alguma coisa. Você pode ver como esse impulso apoia a natureza capricorniana de sua carreira e vida pública. A energia de Áries tira você da cama pela manhã e a energia de Capricórnio mantém seu olho no prêmio em termos do que você deseja construir nesta vida. Observe seu signo solar a fim de perceber sua natureza essencial, fornecendo insights sobre os tipos de trabalho e realizações que almeja. Com Ascendente em Áries e Casa 10 em Capricórnio, você pode realizar qualquer coisa à qual se dedicar. Uma desvantagem de Áries é não ter comprometimento suficiente para manter o curso a longo prazo. Esse é o campo de atuação de Capricórnio, mas se houver muitos planetas luminares em signos da Terra, você pode achar desafiador o compromisso com um longo percurso. Duvidar de si mesmo ou mudar constantemente de curso porque está entediado pode impedi-lo de atingir qualquer um de seus objetivos. Que tipos de sistemas de responsabilidade e gerenciamento de projetos podem ajudá-lo a se comprometer e progredir em direção aos seus objetivos de carreira?

9

Casas de Substância
Ar

GÊMEOS   LIBRA   AQUÁRIO

O AR COMO ELEMENTO DE SUAS CASAS DE SUBSTÂNCIA significa que você aborda as finanças e o trabalho a partir de uma lente cerebral. O Ar comanda a lógica fria e de ponta e uma proeza inquisitiva e de resolução de problemas. Você se encontra em fluxo quando seus poderes mentais são utilizados em suas tarefas de trabalho. Ao colocar em primeiro plano a criação de esquemas, a solução de problemas, o aprendizado, o ensino, a filosofia ou a investigação, você atrairá a melhor profissão. No local de trabalho, sua mente exige estimulação, caso contrário, facilmente ficará entediado e improdutivo.

Além da capacidade cognitiva, os signos de Ar também são adeptos à comunicação. Em seu trabalho, você é capaz de compreender situações e conceitos e compartilhar seus pensamentos com os outros de maneira eficaz. O Ar geralmente tem uma forte inclinação para a linguagem como principal forma de comunicação (por exemplo, falar e escrever), mas você pode descobrir que se comunica melhor por meios visuais ou sonoros. Encontrar um trabalho que ofereça oportunidades para você colaborar, instruir, negociar ou persuadir ajudará a cumprir o chamado de seu signo de Ar nas Casas de Substância.

No geral, a natureza do seu trabalho é a troca de ideias, o desenvolvimento de novos modos de pensar ou a elaboração de estratégias. Ao olhar para as Casas de Substância, você tem uma noção do que valoriza e, para aqueles com signos de Ar, há um alto valor atribuído ao rigor intelectual, criação de sentido e comunicação. Você entende que tudo o que o ser humano já realizou começou com uma ideia, e é no caldeirão criativo da mente que novos mundos serão formados.

    Essa descrição provavelmente soará verdadeira para você se houver vários planetas ou luminares em signos de Ar. Quanto mais posicionamentos planetários e luminosos nessa posição, mais arejada será sua natureza. No entanto, se você não tiver muitos planetas ou luminares colocados nessas Casas de Substância, poderá se sentir em conflito com a energia comunicativa e intelectual que o Ar requer. Por exemplo, uma pessoa com Ascendente em Capricórnio e Sol em Áries com poucos ou nenhum planeta em signos de Ar se sentirá motivada pela estrutura e resultados tangíveis e terá um impulso inato para agir, embora talvez sinta que as buscas intelectuais dos signos de Ar são muito efêmeras. O lado ígneo do Sol quer agir, não pensar demais. Sua ascensão na Terra quer um caminho claro para realizações definidas, quando o Ar pode ser muito livre. Mas a natureza das habilidades profissionais dessa pessoa, a relação com o dinheiro e trajetória de carreira são incertos. Eles estão destinados a se alinhar com o estilo arejado de suas Casas de Substância e se beneficiarão da conexão com essa parte de sua verdadeira natureza.

    Como você pode se alinhar com a natureza do Ar em suas Casas de Substância, especialmente se tem muitos planetas em signos de Ar e se sente desconectado dessas abordagens? Leia as descrições dos signos das Casas 2, 6 e 10. Veja como eles ressoam. O que neles parece revigorante e o que parece desgastante? Depois de ler as descrições de seus signos, responda às perguntas em **Decifrando o código: Seu trabalho** para refletir sobre como as experiências de trabalho anteriores capitalizaram sua natureza de trabalho arejada e como você pode se alinhar melhor com sua natureza no futuro.

Casa 2

A Casa 2 diz respeito ao seu dinheiro e ativos, como você os administra e o que produz com as habilidades que possui. Ter um signo de Ar na sua Casa 2 significa que você aborda o gerenciamento e o ganho de dinheiro por meio de lentes intelectuais. O dinheiro é uma construção intelectual, afinal, você é adepto ao jogo de xadrez do comércio. Vamos dar uma olhada mais de perto em todos os signos possíveis de Ar na Casa 2.

♊
Gêmeos

Gêmeos é um signo Mutável, ou seja, representa mudança e transição. Sendo do elemento Ar, tem uma sensação de imensidão, desestruturada em sua curiosidade intelectual, pulando de uma ideia para outra. Regido por Mercúrio, Gêmeos pode ser considerado o signo com mais Ar, pois o planeta supervisiona o pensamento e a comunicação. Mercúrio também é conhecido por velocidade, malandragem e duplicidade (ou talvez multiplicidade). Todos esses atributos se tornam as habilidades com as quais você ganha dinheiro. Não significa que não há outras qualidades excelentes que também contribuem para o seu sucesso no trabalho, mas as de Gêmeos são as principais geradoras de lucro. Ter um raciocínio rápido, sentir-se confortável com a mudança, experimentar coisas, seguir ideias não importa para onde elas levem, ter discussões acaloradas e bancar o advogado do diabo são dons únicos que o ajudam a ganhar dinheiro. Talvez você descubra que possui vários fluxos de receita ao mesmo tempo, ou que muda de carreira mais do que seus amigos (que talvez tenham Casas de Substância em Terra ou Água ou tenham um signo Fixo na Casa 2).

Em termos de gerenciamento do dinheiro, você pode ter uma abordagem um tanto descuidada das finanças pessoais, a menos que tenha vários planetas em signos de Terra. Gêmeos é um signo veloz, então você pode gastar dinheiro tão rápido quanto ganha. Se achar que sua falta de estrutura não está ajudando você a atingir suas metas financeiras, encontrar auxílio externo para garantir que o dinheiro seja economizado e gasto de acordo com o planejado (como depósitos diretos em contas de poupança, previdência privada ou aplicativos de orçamento) pode ser útil.

Libra

O símbolo de Libra é a balança, ilustrando a qualidade essencial desse signo regido por Vênus: o equilíbrio. Na Casa 2, a habilidade de equilibrar pode se manifestar de várias maneiras. Talvez você se destaque em equilíbrio estético — design de interiores, design gráfico e outras artes visuais ou moda. Como um signo de Ar regido por Vênus, você está interessado na criação de beleza, mas também em suas armadilhas intelectuais e culturais, então pode se sentir atraído para ser um historiador de arte ou um curador de galeria.

Trazendo as proezas intelectuais e comunicativas do signo de Ar para o objetivo do equilíbrio, Libra em sua Casa 2 pode se manifestar em sua capacidade de mediar conflitos e negociar contratos ou negócios. Você acha que costuma ter mais empregos que exigem habilidades em equilíbrio estético ou em diplomacia interpessoal?

Aquário

O regente tradicional de Aquário é Saturno, o planeta da estrutura e das regras. Aquário direciona suas proezas mentais para compreender e refinar sistemas. Quais são os fundamentos filosóficos que sustentam um determinado sistema? Desde testar a eficiência dos processos de contas a pagar da sua empresa até desconstruir o discurso sobre o complexo militar-industrial, você é adepto de ver o quadro geral, dividindo-o em suas partes constituintes e testando a lógica de cada faceta. Você não é prejudicado por laços com a tradição, como seu irmão saturnino, Capricórnio. O regente moderno de Aquário, Urano, é o planeta da rebelião, revolução e inovação. Você usa sua habilidade intelectual e distância para avaliar processos e filosofias com vistas a melhorias radicais. Não tem medo de defender mudanças audaciosas, se os dados apoiarem esse curso de ação. Nem é tão idealista a ponto de ignorar a necessidade de estruturar mudanças realistas, muitas vezes incrementais, para atingir o objetivo geral. O pensamento sistêmico, a visão imparcial e a solução inovadora de problemas servem como suas principais habilidades para ganhar dinheiro.

Casa 6

A Casa 6 refere-se ao seu trabalho diário, rotina e hábitos regulares. Também está relacionado à saúde pessoal, que é, em parte, resultado de seus hábitos. Ter um signo de Ar em sua Casa 6 traz uma abordagem intelectual, inquisitiva e comunicativa de como você vive sua vida cotidiana. Cada signo de Ar transmite sua assinatura única nos temas dessa casa. Vamos observar mais de perto todos os signos possíveis de Ar na Casa 6.

Gêmeos

Gêmeos na sua Casa 6 exige novidade e estímulo intelectual em seu trabalho diário. Não é que você não aguente a rotina, desde que haja bastante trabalho interessante e desafiador para manter sua agitada mente com foco. Você quer oportunidades para seguir seus interesses e conversar sobre ideias. Um ambiente que permite brincadeiras, debates ou pesquisas sem fim seria atraente para você.

Em termos de hábitos pessoais de saúde e rotina, talvez se interesse mais por pesquisa do que por resultados. Você tentará qualquer rotina matinal uma única vez ou perderá horas pesquisando suplementos: qualquer coisa que desperte sua curiosidade e faça girar as engrenagens mentais. Manter a rotina sempre renovada e interessante pode ser uma abordagem útil para hábitos saudáveis de sucesso.

Libra

Libra na Casa 6 deseja harmonia, equilíbrio e beleza no seu trabalho e em seus hábitos diários. Quando Libra está nessa casa, isso significa que Touro é Ascendente, então a principal motivação de vida (Ascendente) e como você vive sua vida cotidiana (Casa 6) são ambos signos regidos por Vênus. Beleza, prazer e equilíbrio são essenciais para quem você é e como vive sua vida. Incline-se para as vibrações venusianas que chamam por você. A estética não é frívola, é essencial. Libra em sua Casa 6 também pode se manifestar em sua vida agindo como pacificador no trabalho. A mediação ou a diplomacia podem ser uma parte formal da descrição do seu trabalho ou um papel informal que você assume. Sua capacidade de ver todos os lados de uma situação e levar a equipe a um acordo aceitável pode ser particularmente gratificante.

Em termos de hábitos de saúde e rotinas, você pode achar que cuidados pessoais suntuosos e rituais de saúde serão mais favoráveis ao seu bem-estar físico. Tentar manter o equilíbrio em todos os aspectos da saúde deve ser priorizado, incluindo um equilíbrio entre prazer e trabalho. Tentar aderir a regimes estritos provavelmente se mostrará fútil e insatisfatório.

Aquário

Aquário em sua Casa 6 traz a ordem saturnina e a inovação uraniana ao seu trabalho diário e hábitos pessoais. Talvez sempre procure uma forma de produtividade mais atual ou um aplicativo para melhorar a eficiência. Você pode ter um forte desejo de liberdade e autonomia, o que o leva a evitar chefes que realizam microgerenciamento ou empregos presos a sistemas rígidos e antiquados. Você deseja ter influência sobre melhorias regulares no funcionamento de seu trabalho, o que pode exigir simplesmente que tenha um relacionamento comunicativo e de apoio com seu chefe; ou pode precisar de mais controle, sendo freelancer ou empresário. Aquário também é um signo associado ao apoio a comunidades e ajuda humanitária em geral, então você pode achar que trabalhar com grupos ou em apoio a iniciativas de ação comunitária é mais gratificante para você.

Em termos de hábitos pessoais de saúde e rotinas diárias, você pode achar que uma estrutura rígida é mais favorável ao seu bem-estar físico. Avaliar constantemente a eficácia de seus hábitos e fazer ajustes e inovações será uma abordagem valiosa para você.

Casa 10

Enquanto sua Casa 2 aborda as habilidades de trabalho e a Casa 6 descreve a rotina, o signo da Casa 10 representa a natureza geral de sua carreira e vida pública. Qual é o legado que você está construindo? De que forma gerencia o trabalho e a imagem que apresenta ao mundo? Ter um signo de Ar na Casa 10 denota criar um legado que signifique o ápice de sua experiência intelectual. Cada signo de Ar confere um estilo único à sua carreira. Vamos dar uma olhada mais de perto em todos os possíveis signos de Ar na Casa 10.

♊
Gêmeos

Com Gêmeos em sua Casa 10, o legado é um portfólio de seu brilhantismo. Gêmeos tem uma multiplicidade de interesses, e sua curiosidade e capacidade de sintetizar ideias díspares de vários domínios garantem que você será único em qualquer campo profissional que ocupe. Gêmeos na Casa 10, e geralmente os signos de Ar em suas Casas de Substância, exige que você encontre um trabalho que centralize sua capacidade intelectual. Permita-se ser curioso e não se detenha a abordagens limitantes e antiquadas de carreira que priorizam a adesão a um caminho rígido, lealdade a uma empresa ou a falácia de que as coisas deveriam ser feitas como sempre foram. Sua carreira será uma coleção dos triunfos de sua mente única e magnífica.

Todas as pessoas com Casa 10 em Gêmeos têm Virgem como Ascendente. Isso significa que você é motivado na vida por um signo Mutável regido por Mercúrio (Ascendente em Virgem) e que sua carreira e o trabalho de sua vida também são influenciados por um signo Mutável regido por Mercúrio (Gêmeos na Casa 10). Seu Ascendente em Virgem traz estrutura, discernimento e organização aos caprichos astutos de sua carreira geminiana. O Ascendente em Virgem está motivado para aperfeiçoar e servir aos outros, e Gêmeos na Casa 10 quer pensar, resolver problemas e se comunicar. Como essa descrição aparece em sua vida? Como eles se misturam com sua natureza essencial (signo solar)?

Libra

Ter Libra na Casa 10 significa que você está construindo um legado de equilíbrio. Libra harmoniza o mundo por meio da beleza estética ou da pacificação interpessoal. É provável que um dos lados dessas escalas librianas o chamem. Você é atraído pela realização da carreira estética na criação de arte, espaços bonitos e harmoniosos, Libra é um signo de cultura e refinamento, então sua carreira pode incluir a contribuição ou curadoria da cultura intelectual e material. Como alternativa, você pode se sentir chamado para o lado diplomático de Libra, negociando a paz entre as pessoas, seja como representante de recursos humanos ou nas Nações Unidas.

Todas as pessoas com Casa 10 em Libra têm Capricórnio como Ascendente. Isso significa que sua motivação na vida é regida pela energia de Capricórnio (veja o Capítulo 3). Tanto Capricórnio quanto Libra são signos cardeais, o que significa que seu impulso na vida e carreira é marcado por um chamado para começar algo e liderar. Seu Ascendente em Capricórnio o motiva a alcançar e criar resultados tangíveis. A energia da sua Casa 10 em Libra pode se manifestar como um líder adepto de facilitar ambientes de trabalho produtivos, pacíficos e igualitários. Ou talvez mais para o lado estético das coisas; seu desejo capricorniano de criar e realizar o ajudará a produzir um corpo de trabalho venusiano, no entanto, você se envolve com arte e beleza profissionalmente.

Aquário

Ter Aquário na sua Casa 10 significa que você está construindo um legado de inovação. Você deseja reconhecimento por ser um transformador, um rebelde, a pessoa que pegou um sistema quebrado e o transformou em algo funcional no presente e pronto para o futuro. A perspectiva geral de Aquário geralmente leva a uma abordagem humanitária ou global à sua carreira. Você entende como tudo está interconectado e está interessado em criar mudanças significativas e abrangentes. Qual comunidade você está servindo ao longo de sua carreira? Se não for a humanidade em geral, então talvez seja sua comunidade local, sindicato, colegas ou mesmo alunos.

Todas as pessoas com Casa 10 em Aquário têm Touro como Ascendente. Isso significa que você é motivado pela energia taurina (veja o Capítulo 3). A motivação do Ascendente em Touro combinada com sua carreira inovadora de Aquário pode fazer com que você se interesse em transformar sua mudança radical em uma expressão prática e tangível. Talvez descubra que sua carreira aquariana está tentando revolucionar algo com natureza taurina: artesanato, arte, agricultura, meio ambiente ou sistemas financeiros. Como a motivação taurina apoia o trabalho de sua carreira aquariana? Como a natureza essencial (signo solar) o influencia?

10

Casas de Substância
Água

CÂNCER   ESCORPIÃO   PEIXES

A ÁGUA COMO ELEMENTO DE SUAS CASAS DE SUBSTÂNCIA significa que você aborda as finanças e o trabalho a partir de uma lente emocional, pessoal e intuitiva. Ao observar as habilidades com as quais ganha dinheiro, sua inteligência emocional, empatia e aptidões interpessoais são as que se mostram mais satisfatórias e eficazes. Não significa que você não use outras habilidades no trabalho. Você pode ter vários posicionamentos em signos de Ar, por exemplo, e sentir afinidade com o trabalho mental e a solução de problemas. No entanto, quando você considera sua vida profissional, o que o conduz a seus maiores êxitos profissionais? É a capacidade de formar conexões significativas com colegas ou clientes? É a compreensão intuitiva das necessidades dos outros e a capacidade de observar todo o cenário? Como sua perspicácia em entender as relações humanas o ajuda no local de trabalho?

Essa descrição provavelmente soará verdadeira se houver vários planetas ou luminares em signos de Água. Quanto mais posicionamentos planetários e luminosos em signos de Água você tiver, mais emocional e pessoal será a sua natureza. No entanto, caso não haja planetas ou luminares colocados em suas Casas de Substância, talvez não reconheça imediatamente o papel que suas qualidades de Água em sua vida profissional. Certa vez, fiz uma análise astrológica para um médico com Sol em Sagitário, Ascendente em Gêmeos e Lua em Câncer. A maioria de seus outros planetas estava em signos de Fogo e Ar, o que pode indicar que o propósito de sua vida é sobre ação, liberdade e atividades intelectuais. No entanto, quando se trata de trabalho, suas Casas de Substância estavam todas em signos de Água e suas habilidades mais importantes eram a compaixão e a capacidade de formar relacionamentos significativos com seus pacientes. Ele identificou que essas relações com os pacientes também eram o aspecto mais satisfatório de seu trabalho. A assinatura de Água em suas Casas de Substância denota a proeminência da intimidade emocional em sua carreira, mesmo que ele não tenha conscientemente identificado isso. Ao ler as descrições de suas Casas de Substância, reflita sobre como as qualidades de cada signo aparecem em sua vida profissional e como elas contribuem para o seu sucesso e satisfação no trabalho. As qualidades da Água podem não ser as mais proeminentes na forma como você conceitua sua personalidade, no entanto, serão essenciais para sua vida profissional.

Como se alinhar com essas características do elemento Água em suas Casas de Substância, especialmente se você não tem muitos planetas em signos de Água e se sente desconectado dessas abordagens? Leia a descrição dos seus signos nas Casas 2, 6 e 10. Veja como eles ressoam. O que nelas é revigorante e o que parece desgastante? Depois de ler as descrições de seus signos, responda às perguntas em **Decifrando o código: Seu trabalho** para refletir sobre como as experiências profissionais anteriores capitalizaram a natureza do elemento Água no trabalho e como você pode se alinhar melhor consigo mesmo no futuro.

Casa 2

A Casa 2 diz respeito ao seu dinheiro e bens, como você os administra e o que produz com as suas habilidades. Ter um signo de Água em sua Casa 2 significa que você aborda o ganho e a administração de seu dinheiro por meio de uma lente relacional e intuitiva. Sua inteligência emocional, empatia e habilidades com as pessoas estão no cerne da forma como você lucra, independentemente do ramo de trabalho em que esteja. Vamos dar uma olhada mais de perto em todos os signos possíveis de Água na Casa 2.

♋
Câncer

Câncer é conhecido por sua capacidade de criar um lar e uma família. Quando ela é empregada no local de trabalho, você faz com que as pessoas se sintam incluídas e em casa, criando um sentimento familiar com colegas, clientes ou superiores. Você tem uma habilidade inata de deixar os outros à vontade, antecipando suas necessidades e fazendo com que se sintam cuidados. Essas qualidades podem ser usadas em qualquer função, de estagiário até CEO. Ser capaz de se conectar com outras pessoas para que se sintam vistas, incluídas e cuidadas incentiva um ambiente de trabalho feliz e a fidelidade de seus funcionários e clientes. As pessoas querem fazer parte da sua família profissional.

Os signos de Água são conhecidos por sua receptividade, ou seja, também recebem bem sugestões sutis. Seja identificando a linguagem corporal de outras pessoas ou sua vibração geral, os signos de Água captam as ondulações emocionais que os outros enviam. Mas ser receptivo não significa ser passivo. Câncer é o signo de Água Cardinal, abordando a capacidade de iniciativa e liderança. A pessoa de Câncer, com sua casca dura, pode ser firme diante das dificuldades, ajudando a manter a família unida e defendendo a fortaleza. Há grande força e resiliência nesse signo. Como isso se mostra para você no local de trabalho? Como você atua sendo chefe de sua família no trabalho? Como une as pessoas e as ajuda a se sentirem cuidadas? Como essas qualidades cancerianas servem como superpoderes profissionais?

Escorpião

Em termos de trabalho, Escorpião traz um arsenal de habilidades úteis. Você é imperturbável diante de conversas e situações difíceis, tornando-o formidável em qualquer local de trabalho por sua resiliência, mas também permitindo que mantenha empregos que exigem lidar com questões difíceis. Escorpião na Casa 2 é uma configuração comum para terapeutas, cujo trabalho se concentra em manter espaço para os outros enquanto eles processam emoções intensas, realidades dolorosas e traumas. Escorpião é o signo da morte, transformação e renascimento, imbuindo você com a habilidade única de facilitar a transformação para os outros. Que jornadas do submundo você guia? De que pessoas você segura a mão nos momentos mais sombrios?

Quando o resto da sociedade tenta desviar o olhar e ignorar as duras realidades da existência, Escorpião nos obriga a encarar a verdade. Com Escorpião na Casa 2, você possui a habilidade de descobrir coisas ocultas. Você pode usar essa habilidade como auditor, descobrindo práticas corporativas problemáticas. Poderia ser um escritor expondo verdades sobre a natureza humana ou um jornalista investigativo. Há uma intensidade e tenacidade que, focadas no trabalho à maneira escorpiana, darão resultados profissionais impressionantes.

Peixes

Em termos de habilidades no trabalho, Peixes pode trazer uma visão sistemática para qualquer projeto em que você trabalhe. Percebe o cenário geral e como todos os aspectos se interconectam, onde outros podem ver apenas divisões e elementos desconexos. Você tem a imaginação de um artista quando se trata de trabalho e pode criar soluções únicas para problemas complexos. Todas as pessoas com Casa 2 em Peixes têm Aquário como Ascendente, e sua destreza pisciana apoia sua motivação aquariana para inovar e melhorar. Permitir-se um espaço para sonhar acordado e pensar fora da caixa será sua principal estratégia para ganhar dinheiro, tornando também seu trabalho satisfatório.

Peixes é o signo associado ao amor e à compaixão universais, que podem ser trazidos para a esfera profissional de várias maneiras. Você pode buscar soluções inovadoras para questões humanitárias, talvez por meio de ativismo ou inovação tecnológica. Em um nível mais pessoal e pontual, Peixes na Casa 2 denota perspicácia para entender as necessidades emocionais dos outros — uma habilidade útil para colaboração, gerenciamento ou trabalho com pacientes e clientes. Peixes também é conhecido por sua proeza intuitiva, e você pode ter um talento especial para perceber a natureza de um problema e suas soluções mais rapidamente do que outros. Seus poderes intuitivos podem ser empregados para ler as emoções e necessidades das pessoas a fim de atendê-las melhor. Como o pensamento sistêmico, a intuição e a compaixão aparecem em sua carreira e aspirações de trabalho?

Casa 6

A Casa 6 refere-se ao seu trabalho diário, rotina e hábitos regulares. Ter um signo de Água na Casa 6 denota a maneira pessoal, intuitiva e emocionalmente rica com que você vive seu cotidiano. Por tratar dos hábitos pessoais diários, essa casa também se relaciona com a sua saúde física e com as atividades rotineiras que a favorecem. Cada signo de Água transmite sua assinatura única nos tópicos dessa casa. Vamos observar mais de perto todos os signos de Água possíveis na Casa 6.

Câncer

Câncer na Casa 6 fala de uma rotina de trabalho no dia a dia que envolve cuidados e relacionamentos pessoais. Essa assinatura é útil para aqueles na administração, porque Câncer é um signo adepto de reunir as pessoas, organizá-las e evocar um senso de compromisso e dever familiar da equipe. Em uma posição de liderança, você tem a capacidade de criar uma comunidade unida, mas, mesmo que não esteja nesse tipo de função, você trabalha melhor em uma equipe construída com base na confiança, respeito mútuo e na qual cada membro se sente responsável pelo outro. Ambientes excessivamente isolados ou competitivos serão abrasivos e desgastantes para você.

Em termos de hábitos pessoais de saúde, a família e o lar o acalmam e o nutrem mental e fisicamente. A conexão diária com a família, seja como você a defina, e relaxar em seu espaço doméstico privado são suas rotinas mais cruciais.

Escorpião

Escorpião é um signo de Água regido por Marte. Esse planeta está associado a coisas afiadas: espadas, palavras cortantes, inteligência de florete. Com Escorpião, a nitidez marciana pode ser comparada a uma broca implacável abrindo um buraco para chegar ao cerne das coisas. Ter Escorpião como seu signo na Casa 6 traz essa força de vontade focada para suas atividades diárias e trabalho. Talvez você descubra que se perde em seu trabalho até o ponto da obsessão. Encontrar uma profissão digna de sua paixão marciana e intensidade emocional escorpiana será muito bem-sucedido e gratificante para você. Você não tem medo de sujar as mãos. Não precisa de um trabalho fácil, e sim de um trabalho que importe.

Em termos de hábitos pessoais de saúde e rotinas pessoais diárias, a saúde mental pode ser a maior prioridade. Tendo Água em suas Casas de Substância, é provável que sua vida profissional seja emocionalmente exigente e desgastante. Como você estabelece limites saudáveis em seu trabalho para proteger seu bem-estar emocional? Como cuida da sua saúde mental regularmente? O cuidado regular de sua mente e corpo ajudará a evitar o esgotamento e permitirá que você continue fazendo o trabalho pelo qual mais se apaixona.

Peixes

Peixes é o signo dos sonhos e da imaginação. É o sinal da autodissolução, em que você deixa de lado as restrições da realidade material e busca se conectar com alguma verdade superior. Para você, a rotina não se resume a cronogramas rígidos, listas de tarefas ou indicadores-chave de desempenho. Você está se esforçando para se conectar com a divindade e canalizar a sabedoria eterna e inefável (sem pressão).

Qualquer que seja o trabalho que você faça, a rotina diária deve permitir imaginação, devaneios e inspiração. A menos que você tenha vários planetas em signos de Terra, provavelmente terá dificuldade em aderir a cronogramas rígidos. E isso não é uma falha pessoal, a rigidez é incompatível com o fluxo do seu trabalho. E você deve entrar no fluxo para que sua criatividade e brilhantismo cresçam. Uma estrutura sufoca. Mais do que facilitar seu trabalho, priorizar o descanso é essencial para sua saúde mental e física. Quanto mais você puder automatizar as funções mundanas da vida e do trabalho, melhor.

Talvez a manifestação da sua Casa 6 em Peixes seja que seu melhor trabalho diário é motivado pela compaixão. Todas as pessoas com Casa 6 em Peixes têm Libra como Ascendente, o que significa que você é movido pelo desejo de paz, justiça e harmonia. Peixes na Casa 6 encoraja você a deixar o amor e a compaixão estruturarem seu trabalho diário para ser mais impactante e pessoalmente gratificante.

Casa 10

Enquanto sua Casa 2 aborda as habilidades de trabalho e a Casa 6 descreve a rotina, o signo da Casa 10 retrata a natureza geral de sua carreira e vida pública. Qual é o legado que você está construindo? De que forma gerencia o trabalho e a imagem que apresenta ao mundo? Ter um signo de Água em sua Casa 10 indica o cultivo de um legado que evidencia sua inteligência emocional e os relacionamentos significativos que construiu. Independentemente da sua profissão, é pela influência e conexão com as pessoas que você será mais conhecido. Cada signo de Água tem um estilo único. Vamos observar de perto os signos possíveis de Água na Casa 10.

Câncer

Com Câncer na Casa 10, sua carreira denota nutrição e cuidado. Você constrói um legado de senso de conexão familiar e devoção dentro de sua comunidade. Na Casa 10, essa família pode ser funcionários, superiores ou talvez o mundo inteiro. Como anda o cuidado com os outros? De que forma você constrói um senso de obrigação mútua e amor entre as pessoas de sua comunidade, ajudando-as a cuidar umas das outras? Seu legado está na construção de um lar, e, por estar na Casa 10, ele está em evidência.

Todas as pessoas com Casa 10 em Câncer têm Libra como Ascendente, ou seja, sua motivação é um desejo de equilíbrio, paz e justiça. Você também é movido pela beleza e pela conexão entre as pessoas. Com essa configuração de mapa, você pode ser um advogado que cuida dos seus clientes no sistema jurídico. Talvez seja alguém que projeta belos móveis domésticos, criando espaços caseiros motivados pelo desejo de embelezar. Você pode ser um escritor, buscando construir uma comunidade de compaixão global por meio de sua escrita. Como sua inclinação para o equilíbrio, beleza e igualdade combinam com a natureza do elemento Água, unindo compaixão e cuidado em seu trabalho?

♏
Escorpião

Com Escorpião na Casa 10, seu legado guia todos para a mudança. Escorpião é um signo de morte e transformação, facilitando a passagem de um espaço para outro. Esteja você cuidando de alguém como enfermeiro de uma clínica de cuidados paliativos, ou trabalhando como terapeuta ajudando as pessoas a superar traumas, ou, ainda, auxiliando a sociedade a processar a angústia coletiva por meio da arte ou desativando um programa de computador obsoleto a fim de abrir caminho para novos processamentos, sua carreira constitui a transição de algo que deve terminar para abrir caminho ao que está por vir.

Todos com a Casa 10 em Escorpião têm Aquário como Ascendente, ou seja, sua motivação constitui um impulso para avaliar sistemas, destruir o que é obsoleto e inovar para o futuro. Talvez sinta um desejo de melhorar para o benefício do coletivo, seja sua empresa, comunidade local ou até mesmo a humanidade. Esse impulso, em última análise, compele você, com intensidade escorpiana, a aprofundar a busca pela verdade e trazer à luz todos os detritos quebrados e decadentes que foram escondidos para que possam ser examinados, consertados ou descartados e substituídos. Você pode descobrir que suas buscas revelam tesouros há muito esquecidos que precisam ser revividos. Essa configuração do mapa é a do revolucionário, rebelde, inovador, interrogador. Que mudança você quer facilitar? Qual será o seu legado de transformação?

♓
Peixes

Com Peixes em sua Casa 10, seu legado é a conexão. Trata-se de entender as maneiras pelas quais todas as coisas estão interconectadas e interdependentes. Um cientista ambientalista com Peixes na Casa 10 pode tentar entender como todas as coisas dentro de um ecossistema estão inter-relacionadas. Um monge com Peixes na Casa 10 trabalha para eliminar a ilusão de que estamos separados e busca experimentar a verdade de que todos somos um.

De fato, há algo de um monge cientista em você. Todas as pessoas com Peixes na Casa 10 têm Gêmeos como Ascendente (veja o Capítulo 3). Você é motivado na vida por uma curiosidade insaciável que não se limita a um domínio singular. Sua compreensão de que tudo está conectado o impulsiona a combinar seu vasto e variado conhecimento de maneiras inovadoras e empolgantes. Você adora ser surpreendido. Adora ficar mesmerizado. Vive para se deleitar com a admiração de algo maior do que você enquanto percebe que também faz parte dessa magnificência. Onde experimentamos mais o sublime do que na ciência e na espiritualidade? O trabalho que você fizer será influenciado por seus outros posicionamentos (consulte Calibração para equilibrar seu mapa). A energia essencial que você está procurando criar em sua carreira é aquela que alimenta sua curiosidade e permite que você volte repetidamente a um estado de puro encantamento.

11

Casas de Substância
Fogo

△

ÁRIES   LEÃO   SAGITÁRIO

O FOGO COMO ELEMENTO DE SUAS CASAS DE SUBSTÂNCIA significa que você aborda as finanças e o trabalho de uma forma orientada para a ação, apaixonada, aventureira, individualista e autoexpressiva. Ao pensar nas habilidades com as quais você ganha dinheiro, sua tenacidade ardente e vibrante é o que o torna mais eficaz e satisfeito profissionalmente. Todos os signos de Fogo têm qualidades únicas, portanto, ler as descrições dos signos nas Casas 2, 6 e 10 o ajudará a decifrar as habilidades com as quais você ganha dinheiro, como pode se envolver melhor com seu trabalho diário e o grande objetivo de sua carreira. Isso não quer dizer que você não tenha muitas outras habilidades e dons. Se você tiver vários planetas em signos de Água, por exemplo, pode ter uma perspicácia marcante para construir relacionamentos importantes em sua vida pessoal e profissional. Quando se trata do trabalho, porém, são as qualidades dos signos de Fogo que o tornam mais bem-sucedido e fazem com que se sinta mais em fluxo.

As descrições neste capítulo provavelmente soarão verdadeiras para você se houver vários planetas ou luminares em signos de Fogo. Quanto mais posicionamentos planetários e luminosos nessa posição, mais ativo e tenaz será seu caráter. No entanto, se você não tiver muitos planetas ou luminares colocados em suas Casas de Substância, talvez não reconheça imediatamente o papel que suas qualidades de Fogo desempenham em sua vida profissional. Por exemplo, conheço uma escritora que tem Sol em Peixes, Ascendente em Câncer, Lua em Áries e todas as Casas de Substância são em signos de Fogo. Embora ela tenha vários planetas em signos de Fogo, a maioria de seus posicionamentos está em Água, e ela demorou para perceber como o Fogo aparece em seu trabalho profissional. Em particular, refletindo sobre sua Casa 2 em Leão, ela observou que brilhar sua luz autêntica e sua capacidade de atuação (seja como bartender ou escritora) sempre foram suas habilidades mais lucrativas. Não tendo planetas em Leão, ela não deu muita atenção a esse aspecto de sua natureza e, no entanto, ao olhar para seu trabalho, ficou claro o valor de sua autoexpressão artística.

Ao ler as descrições de suas Casas de Substância, reflita sobre como as qualidades de cada signo aparecem em sua vida profissional e como contribuem para seu sucesso e satisfação no trabalho. As qualidades do Fogo podem não ser as mais proeminentes em como você conceitua sua personalidade, no entanto, são essenciais para sua vida profissional.

Como você pode se alinhar com a natureza do elemento Fogo em suas Casas de Substância, especialmente se não tem muitos planetas em signos de Fogo e se sente desconectado dessas qualidades? Leia a descrição dos signos nas Casas 2, 6 e 10. Veja como eles ressoam; nessas descrições, o que parece revigorante ou desgastante? Depois de ler as descrições dos seus signos, responda às perguntas em Decifrando o código: Seu trabalho para refletir sobre como as experiências de trabalho anteriores capitalizaram sua natureza ardente no trabalho e como você pode se alinhar melhor com ela no futuro.

Casa 2

A Casa 2 diz respeito ao seu dinheiro e bens, como você os administra e o que produz com as suas habilidades. Ter um signo de Fogo em sua

Casa 2 significa que você ganha e administra seu dinheiro por meio de tenacidade e ação. Cada signo de Fogo imbui seu próprio estilo a esse aspecto de sua vida. Vamos observar mais de perto os signos de Fogo possíveis na Casa 2.

♈ Áries

Áries é um signo de Fogo Cardinal e é compelido à iniciativa. A principal estratégia para ganhar dinheiro é ir direto ao ponto, não deliberando, revisando ou colaborando, embora você possa ser bom nesses aspectos. O que é mais essencial para você é a vontade e a energia para começar. No sentido mais simples, é a sua capacidade de iniciar novos projetos. Além disso, há vontade de abrir novos caminhos. Áries é um signo de independência e autonomia, então você pode achar que trabalhar por conta própria e traçar novos caminhos profissionais é o mais gratificante e bem-sucedido para você.

Áries também é o arquétipo do guerreiro, então outra habilidade profissional é a capacidade de lutar. Se não há muitos posicionamentos em signos de Fogo, talvez você não se identifique imediatamente com essa qualidade. Mas considere os momentos em sua vida profissional em que você teve que partir para o ataque. Como se sentiu? Como isso funcionou? Em seu trabalho, você atua como advogado para si mesmo ou para os outros? Isso é satisfatório para você? Você tem sido bem-sucedido nessa função? Todas as pessoas com Casa 2 em Áries têm Peixes como Ascendente, então você é motivado por um sentimento de amor e compaixão universais. Você se importa com os outros. Como esse impulso compassivo e essa energia guerreira aparecem em seu trabalho?

Leão

Leão é o signo da autoexpressão e do desempenho. Regido pelo Sol, ele o chama para brilhar sua luz no mundo. Isso não é um apelo ao egoísmo. O Sol brilha porque é de sua natureza. Da mesma forma, ter Leão na Casa 2 o chama para mostrar seu eu autêntico, e o calor de sua autoexpressão renderá uma colheita abundante. Isso não significa necessariamente que você precise ser extrovertido e se colocar à vista para ganhar dinheiro. Em vez disso, esse posicionamento indica que você tem algum tipo de chama artística ou performativa que considera atraente e lucrativa. Seja qual for o palco e quem quer que seja o público, seu carisma e a maneira como você elabora a apresentação de si mesmo e de sua história são fascinantes.

As qualidades leoninas de sua vida profissional podem não ser imediatamente aparentes, mas sempre que você interage com outras pessoas por qualquer meio, apresenta uma versão de si mesmo e cria uma narrativa. Você provoca, mesmo que seja apenas para fazer seu amigo rir. Pense nos aspectos performativos do seu trabalho. Quando você se sentiu no fluxo ao interagir com outras pessoas? Considere os momentos em que você propositadamente tentou ser carismático. Como foi para você? Como ajudou a alavancar sua carreira? Que oportunidades profissionais poderia encontrar para brilhar ainda mais com sua luz leonina?

Sagitário

Sagitário é o signo do aventureiro e do sábio. Busca sabedoria por meio de novas experiências e do estudo. Com Sagitário em sua Casa 2, as principais estratégias para ganhar dinheiro são sua natureza curiosa, a aventura e o vasto conhecimento e paixão pelo aprendizado.

Você pode se sentir chamado para a vida acadêmica, mas também pode descobrir que, em qualquer função, sua sede de compreensão e desejo de ensinar são úteis. Qual papel a aprendizagem, o ensino e a escrita desempenham em seu trabalho?

Quanto à aventura, Sagitário é um signo intrépido. Sua vontade de experimentar coisas novas e conhecer novos lugares pode ser a chave para sua vida profissional, especialmente se você tiver planetas em Sagitário. Você vê oportunidades no trabalho, e essa é uma habilidade valiosa. Se sua rotina diária não permitir muitas novidades, você precisará priorizar excursões aventureiras em sua vida pessoal para apoiar seu bem-estar físico. Se explorar fora de casa não é algo que você possa fazer regularmente, você pode saciar esse desejo por meio de livros e filmes que o transportam para lugares distantes ou ensinam coisas novas.

Casa 6

A Casa 6 refere-se ao seu trabalho diário, rotina e hábitos regulares. Ter um signo de Fogo em sua Casa 6 retrata a maneira apaixonada e orientada para a ação com que você vive sua rotina. A Casa 6 também pertence aos rituais diários que promovem nossa saúde física, e os signos de Fogo o chamam para um estilo de vida ativo. Cada um deles transmite sua assinatura única nas questões dessa casa. Vamos observar mais de perto todos os signos de Fogo possíveis na Casa 6.

Áries

Áries é um signo independente e voltado para a ação. No seu trabalho, não há nada que você abomine mais do que reuniões inúteis, burocracia e olhar para o umbigo. Você não quer admirar um problema, quer resolver. Ser decisivo. Você está pronto para ir direto ao ponto. Deve encontrar funções e ambientes profissionais que permitem que você coloque a mão na massa e não fique na idealização. De fato, para todas as pessoas com signos de Fogo em suas Casas de Substância, é essencial encontrar empregos que incitem iniciativa, ação, e não a análise de problemas infinitos e sem sentido. Particularmente, Áries ama a autonomia. Quanto mais autoridade e independência você conseguir em seu trabalho, melhor.

Em termos de rotinas pessoais de saúde, a energia de Áries precisa ser gasta. Ela queima rápido. Se você morar em um cubículo, sua energia ariana ficará presa e o deixará ansioso. Exercícios regulares e, em especial, vigorosos o ajudarão a manter o bem-estar físico e mental.

Leão

Leão é o signo da autoexpressão e do desempenho. Tê-lo na Casa 6, de trabalho diário e rotinas, significa que você prospera com oportunidades regulares de brilhar. Falar, apresentar-se, ensinar, vender, persuadir, atuar — qualquer atividade que permita que use seu carisma e personalidade única para cativar os outros. Como seu trabalho prioriza sua presença em um palco (seja em um bate-papo por vídeo com um cliente ou em um palco real)? Nesses momentos de performance, você se sente no fluxo? Você recebe feedback positivo? Como se apresentar beneficiou sua carreira?

A Casa 6 também é o local da saúde pessoal e dos hábitos diários que cultivam sua saúde. Com Leão aqui, existe uma relação entre a sensação de bem-estar físico e sua capacidade de ser visto e aplaudido. Os signos de Fogo na Casa 6 exigem atividade, novidade e vitalidade para garantir seu bem-estar físico. Encontrar-se com amigos, fazer improvisação ou apenas se envolver em uma autoexpressão significativa no trabalho será saudável para você.

Sagitário

Sagitário é um signo inquisitivo e otimista que vive de mudanças e aventuras. Na Casa 6, de rotinas, ele indica que você trabalha melhor quando eventualmente tem oportunidades para novas experiências. Você precisa alimentar sua alma e sua imaginação para reabastecer seu poço criativo. As aventuras podem ser encontradas fazendo trilha, em terras estrangeiras ou na biblioteca. O objetivo é se reenergizar e evitar rotinas. Se quiser continuar brilhando com a luz de Leão da sua Casa 2, precisará de revitalização e novas ideias para sua autoexpressão criativa. A aventura o torna culto, mundano, informado e interessante.

Mesmo que seja apenas em sua imaginação, a aventura é o que o mantém são. A Casa 6 retrata a nossa saúde física e as rotinas e hábitos que a cultivam. Para você, envolver-se em atividades intelectual e espiritualmente interessantes, conhecer novas pessoas e lugares e expandir seus horizontes em geral são a chave para manter seu bem-estar.

Casa 10

Enquanto sua Casa 2 aborda habilidades profissionais e a Casa 6 descreve a rotina, o signo da Casa 10 relata a natureza geral de sua carreira e vida pública. Que legado você está construindo? De que forma gerencia o trabalho e a imagem que apresenta ao mundo? Ter um signo de Fogo na Casa 10 significa o cultivo de um legado evidenciado por sua tenacidade, paixão e espírito aventureiro. Cada signo de Fogo tem um estilo único. Vamos observar mais de perto os signos de Fogo possíveis na Casa 10.

Áries

Com Áries na Casa 10, seu legado é abrir novos caminhos. É a sua independência e sucesso. Áries não tem medo de ocupar espaço e reivindicar reconhecimento por sua excelência. Com Leão na Casa 2, suas principais habilidades profissionais para ganhar dinheiro são a autoexpressão autêntica, então faz sentido que sua carreira seja intrínseca a você e o caminho que você traça para si mesmo. Isso pode ser como empresário ou artista, mas também indica uma tenacidade geral que você traz para qualquer carreira que escolher. Talvez você seja o melhor representante de vendas da sua empresa, usando o carisma leonino para fechar negócios e subir na hierarquia corporativa.

Todas as pessoas com Casa 10 em Áries têm Câncer como Ascendente, o que significa que você é motivado pelo desejo de cultivar laços familiares, construir uma comunidade e cuidar dos outros. Você pode experimentar um conflito entre o individualismo do impulso ariano na vida profissional e a motivação de vida focada em relacionamentos. Considere, porém, a importância da comunidade e dos relacionamentos para sua carreira. Como sua compaixão e empatia canceriana permitem que se conecte melhor com os outros conforme seu Leão na Casa 2? Como construir uma comunidade e cuidar dos outros misturando a energia de Áries como guerreiro e defensor? De que forma, em sua carreira, já demonstrou evidências de seu cuidado canceriano, habilidades performáticas de Leão e a tenacidade de Áries?

Leão

Com Leão na Casa 10, seu legado é sobre autoexpressão e sua contribuição para o coletivo. Você será admirado e honrado por isso. A tenacidade do elemento Fogo em suas Casas de Substância o estimula a realizar, e sua Casa 10 em Leão representa o reconhecimento público de seu trabalho. Também é uma assinatura comum para atores, músicos e outras celebridades aos olhos do público.

De que formas você é o centro das atenções? Seu público não precisa ser o mundo, mas você está destinado a ser aclamado em qualquer esfera profissional. Como Leão é regido pelo Sol, seu signo solar é particularmente importante para a vida profissional. Observe seu signo solar (Capítulo 1) e a Casa (Capítulo 2) e considere como sua natureza essencial e sua forma preferida de autoexpressão lhe trazem reconhecimento no trabalho.

Todas as pessoas com Casa 10 em Leão têm Escorpião como Ascendente, o que significa que você é motivado por um desejo intenso de buscar a verdade e por uma intensidade emocional em geral. Talvez por isso tantas pessoas com Ascendente em Escorpião se tornam atores. Como ator, você pode se envolver com todo o espectro da experiência e emoção humanas. No entanto, você pode decidir trabalhar com qualquer tipo de revelação, atiçando seu lado escorpiano, e ser um auditor ou investigador. De que forma você está motivado para testar as bases, desenterrar os assuntos difíceis ou ir atrás da verdade? Como isso o motiva a se destacar em sua profissão? Como impulsiona sua autoexpressão e desempenho? Quando você pensa na admiração e nos elogios que deseja receber profissionalmente, o que vem à mente? Pelo que você quer ser conhecido?

Sagitário

Com Sagitário na Casa 10, seu legado é a aventura, aprendizado e busca de sabedoria. Sua carreira o chama aos estudos, ensino e aprendizagem por meio de experiências variadas. A partir do vasto conhecimento acumulado, você atua como professor e sábio. O desejo de aprender de Sagitário decorre da motivação em entender as grandes verdades do nosso mundo. Quem somos nós? Por que estamos aqui? Isso pode levar sua carreira a um caminho espiritual, filosófico ou científico.

Todas as pessoas com Casa 10 em Sagitário têm Peixes como Ascendente, o que significa que você é motivado por um desejo de conexão. Peixes quer romper fronteiras, até mesmo dissolver o senso de si mesmo, tocar o inefável e experimentar a transcendência divina. Esse impulso para a epifania espiritual apoia sua carreira sagitariana de buscar e compartilhar sabedoria. O regente de Sagitário é Júpiter, que também é o planeta regente tradicional de Peixes. Júpiter é a expansão, filosofia e fé. Há uma assinatura forte em seu mapa para buscar sabedoria e compartilhá-la.

Mas, talvez, a espiritualidade e a fé pareçam muito estranhas para você. Em outro sentido, Ascendente em Peixes é motivado a entender as conexões entre todas as coisas. Talvez seu interesse seja entender as conexões emocionais e a forma como as pessoas se relacionam. Talvez você esteja interessado na interdependência ecológica. Ou em física, e em descobrir uma teoria unificada viável. Para qualquer um desses impulsos, uma carreira sagitariana de viagens, estudos e ensino seria bem-sucedida e gratificante. Por quais conexões você é guiado (revise seu Ascendente em Peixes no Capítulo 3)? Que conhecimento deseja buscar e ensinar em sua carreira? Por quais descobertas ou sabedoria você quer ser conhecido?

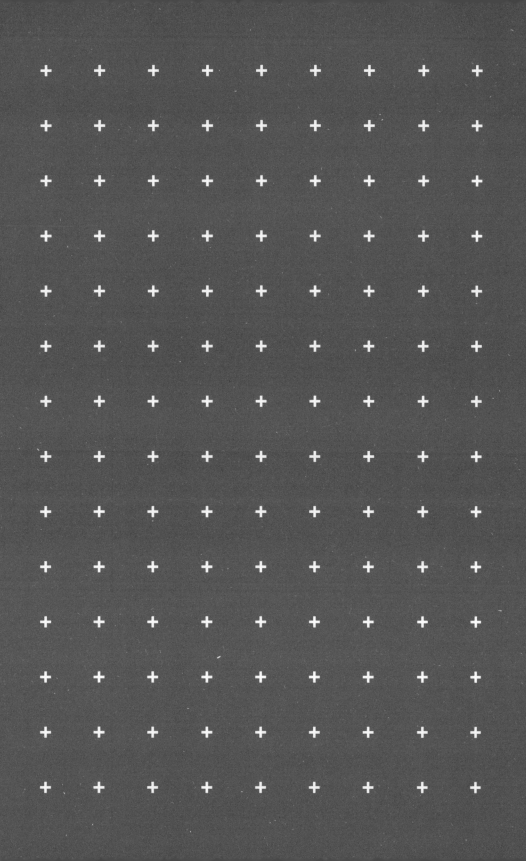

Decifrando o código
Seu trabalho

SEU EU ESSENCIAL, SUA MOTIVAÇÃO E SEU TRABALHO
Ao pensar sobre quais carreiras estão alinhadas com sua verdadeira natureza, você deve sintetizar vários elementos do seu mapa para obter uma imagem mais clara.

Liste as palavras-chave que ressoam em você de acordo com as perguntas a seguir:
Quais habilidades do signo da Casa 2 você usa (ou gostaria de usar) para ganhar dinheiro?

+ +
+ +

Quais qualidades de sua natureza essencial (signo solar) você usa (ou gostaria de usar) no trabalho?

+ +
+ +

Como seu trabalho se relaciona com sua motivação essencial na vida (seu Ascendente)? Como você gostaria que fosse?

+ +
+ +

INSIGHTS A PARTIR DE ONDE VOCÊ ESTÁ
Todas as suas experiências profissionais anteriores, de voluntariado e hobbies são um baú de tesouro que informa o alinhamento da sua natureza. Mesmo que tenha sido um trabalho que odiou, provavelmente há partes dele de que você gostou ou que usaram suas habilidades únicas.
Como seus empregos anteriores usaram suas habilidades especializadas (Casa 2)? Como você se sentiu ao utilizá-las?

+ +
+ +

Quais tarefas e hábitos do dia a dia funcionaram bem para você? Quais não? Como isso corresponde à natureza da sua Casa 6?

De que forma sua rotina (Casa 6) embasou seu trabalho de longo prazo e os objetivos de carreira (Casa 10)? Você achou esse trabalho mais gratificante porque está claramente ligado à construção de sua carreira?

De que forma os empregos anteriores se alinharam com o signo da Casa 10? Esses aspectos foram satisfatórios e você gostaria de buscar mais disso em sua carreira?

De que maneira os empregos anteriores focaram em qualidades desalinhadas ou contrárias ao estilo do signo da Casa 10? Você consegue evitá-las em empregos futuros?

SEU LEGADO
Levando em consideração sua natureza essencial (posição do Sol), sua motivação (Ascendente e regente), suas habilidades (Casa 2), a forma como trabalha melhor na rotina (Casa 6) e o estilo geral de sua carreira (Casa 10), quais carreiras seriam ideais? O que o anima? Pelo que você quer ser conhecido? Qual será o seu legado?

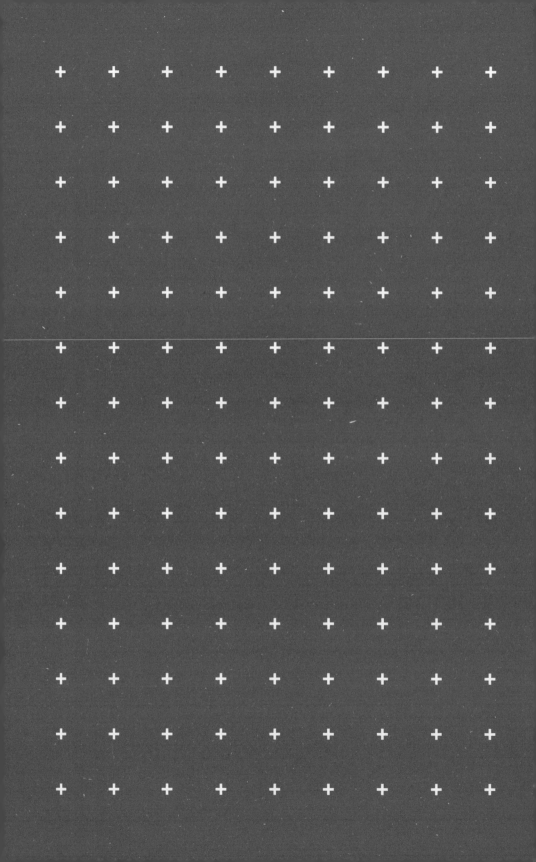

Calibração

Falamos sobre muitas coisas neste livro até o momento. Abordamos sua natureza essencial, o que o energiza e como você brilha ao interpretar seu signo solar e a casa onde o Sol está. Desvendamos o que o motiva e para onde sua vida está sendo guiada, analisando o Ascendente e seu regente. Mergulhamos profundamente em seu signo lunar e na casa onde a Lua está para identificar o que mais o ajuda a se sentir emocionalmente seguro e equilibrado. Em seguida, compreendemos como é a sua relação com o dinheiro, sua vida profissional e sua carreira por meio da interpretação de suas Casas de Substância.

Mas o que você faz com toda essa informação? Como reúne tudo isso para criar uma narrativa coesa sobre o propósito de sua vida?

Um dos principais desafios para decodificar seu mapa natal é saber como equilibrar esses diferentes fatores. Nem todas as peças do seu mapa são igualmente impactantes em sua vida. Algumas posições você sentirá mais. Algumas peças irão apoiar umas às outras, enquanto outras entrarão em conflito. Decodificar seu mapa natal requer **calibração**: avaliar cada parte em relação a outra para obter uma imagem nítida do seu propósito de vida.

Peso

Seu mapa é composto por doze signos do zodíaco, doze casas e quatro elementos, mas quais signos parecem se destacar mais em sua personalidade e na sua vida? Quais temas das casas são mais cruciais para você? Para responder essas perguntas, devemos observar onde os planetas, luminares e pontos principais (Ascendente e Meio do Céu) estão posicionados em seu mapa. Quanto mais objetos celestes você tiver em um determinado signo, casa ou elemento, mais peso eles possuem em sua vida. Você terá casas e signos, e talvez até elementos sem pontuação, e isso é totalmente normal. Seu coquetel celestial é personalizado e bonito. Todos nós encontramos desafios em nossos mapas, mas também pontos fortes. Lembre-se de que, acima de tudo, você está aqui para ser você.

Olhando para o seu mapa natal, complete as tabelas a seguir para ter uma noção de quais signos, casas e elementos têm mais peso.

OBJETO CELESTE	SIGNO	CASA	ELEMENTO
ASC Ascendente		1	
MC Meio do Céu			
☉ Sol			
☾ Lua			
☿ Mercúrio			
♀ Vênus			
♂ Marte			
♃ Júpiter			
♄ Saturno			
♅ Urano			
♆ Netuno			
♇ Plutão			

ELEMENTO	QUANTIDADE DE OBJETOS CELESTES
Terra	
Ar	
Água	
Fogo	

CASA	QUANTIDADE DE OBJETOS CELESTES
1	
2	
3	
4	
5	
6	
7	
8	
9	
10	
11	
12	

SIGNO	QUANTIDADE DE OBJETOS CELESTES
♈ Áries	
♉ Touro	
♊ Gêmeos	
♋ Câncer	
♌ Leão	
♍ Virgem	
♎ Libra	
♏ Escorpião	
♐ Sagitário	
♑ Capricórnio	
♒ Aquário	
♓ Peixes	

Equilibrando seu mapa

Agora que identificou onde cada componente se encaixa em seu mapa, você pode interpretar o que isso significa. Qual é o equilíbrio único de elementos, signos e casas em seu mapa?

O equilíbrio dos elementos

Em quais elementos seus luminares, planetas, Ascendente e Meio do Céu estão mais concentrados? Você tem um equilíbrio bastante uniforme ou tem muitos objetos em apenas um ou dois elementos? Quais elementos têm poucos ou nenhum componente? Ter mais peso em um determinado elemento lhe dará certas tendências, superpoderes e desafios. Seja qual for o equilíbrio deles, encorajo-o a aceitá-lo, assim como os presentes que ele traz para sua vida e para o coletivo. Ao ler a descrição dos principais elementos, pergunte-se:

+ Como o propósito de minha vida é influenciado pela natureza dos meus elementos?
+ Como posso honrar e me apoiar em meu aspecto pessoal de forma mais autêntica em minha vida?
+ Quando me sinto em fluxo usando os superpoderes dos meus elementos?
+ Como meus aspectos desafiadores são uma bênção? Como aprendi com essas lutas?
+ Quais recursos externos e habilidades podem ajudar a preencher as lacunas que eu tiver em algum elemento quando precisar de apoio?

Terra

+ **Superpoderes:** prático, metódico, persistente.
+ **Desafios:** obstinação, ser excessivamente literal, ser materialista.

Se você tiver concentração em signos de Terra, é provável que seja uma pessoa com os pés no chão. Sua vibração geral será calma e tranquila, especialmente se houver concentração em Touro ou Virgem. A energia mercurial às vezes pode mostrar pensamentos e ações agitados. Você será particularmente capaz de ver projetos e obter resultados tangíveis para seu trabalho. Só não é de falar. Você luta para se sentir inspirado, para estar muito focado no mundo real e com tarefas em mãos para permitir que sua imaginação divague. Você também pode ficar preso — em seus caminhos, em um trabalho, ou relacionamento. Um compromisso pode ser uma bênção e uma maldição.

Ar

+ **Superpoderes:** comunicativo, curioso, cerebral.
+ **Desafios:** preso na própria cabeça, disperso, falta de acompanhamento.

Se seus objetos celestes estiverem concentrados em signos de Ar, é provável que você seja uma pessoa tagarela e pensativa. Inteligente, interessado e curioso, você gosta de aprender e é um comunicador confiante e capaz. Ter muito Ar também pode parecer não estar aterrado, como se você estivesse muito louco e incapaz de conectar sua ação mental ao mundo real ou a resultados tangíveis. A filosofia tem seu valor, mas você também pode ter projetos que deseja terminar. Ao mesmo tempo, pode ter tantos interesses ou projetos e acabar sobrecarregado. Pode ter, ainda, dificuldade para alcançar a excelência, o que requer comprometimento e persistência. Por outro lado, seu excesso de interesses e assuntos o torna capaz de estabelecer conexões entre domínios de conhecimento e apresentar soluções engenhosas.

Água

+ **Superpoderes:** emocionalmente inteligente, intuitivo, relacional.
+ **Desafios:** volatilidade emocional, foco no outro, estabelecer limites.

Se seus objetos celestes estiverem concentrados em signos de Água, é provável que você seja uma pessoa carinhosa, interessada em relacionamentos significativos e empreendimentos que ajudem os outros. Altamente empático, você é adepto a sentir as emoções de outras pessoas. Também pode ter conhecimento intuitivo. Às vezes, você acha suas emoções voláteis e desafiadoras. Isso não quer dizer que ser emocional seja problemático, mas sim que se sentir fora de controle é desconfortável e desgastante. Desenvolver habilidades de regulação emocional e autoconsciência pode ajudá-lo a se envolver com suas emoções de maneira mais saudável. Você também pode ter a tendência de colocar os outros à frente de si mesmo. Encontrar um equilíbrio entre o eu e o outro e estabelecer limites saudáveis será muito útil para você.

Fogo

+ **Superpoderes:** apaixonado, orientado para a ação, vivaz.
+ **Desafios:** volatilidade emocional, desestruturado, dificuldade em acompanhar.

Se seus objetos celestes estiverem concentrados em signos de Fogo, é provável que você seja uma pessoa vibrante, divertida e voltada para a ação. Você é cheio de vida e tem facilidade para iniciar novos projetos e aventuras. Você tem um gosto pela vida que é contagiante. Como os signos de Água, você pode lutar com emoções voláteis, sentindo-se facilmente perdido. Os signos de Fogo vivem no momento e, portanto, as emoções podem parecer abrangentes em seu imediatismo. Isso não quer dizer que experimentar e expressar emoções seja problemático, mas sim que se sentir sobrecarregado e sujeito às suas emoções pode ser desafiador e exaustivo. Semelhante aos signos de Água (que lutam contra a volatilidade emocional, mas por razões diferentes), desenvolver habilidades de regulação emocional e autoconsciência será crucial para você. Isso pode ajudá-lo a se sentir mais estável e menos dependente de emoções extremas. Como os signos de Ar, você também pode ter dificuldade em seguir adiante, sendo tão exuberante em seguir a inspiração do momento. Você também pode descobrir que fica entediado antes de um projeto ser concluído. Encontre ajuda externa e estruturas para auxiliá-lo a não deixar as coisas no meio do caminho e alcançar seus objetivos.

Equilíbrio de signo e de casa

Como os planetas, luminares e pontos estão espalhados em seu mapa de acordo com signo e casa? Eles estão distribuídos entre muitos signos e casas ou concentrados em poucos? Tal como acontece com os elementos, uma concentração de objetos celestes em um único signo significa que você se identificará mais com as qualidades desse signo do que com outros. A natureza dele será mais proeminente em sua personalidade. Se você tiver planetas concentrados em um único signo, também os terá concentrados na casa que ele ocupa, chamando a atenção para as áreas da vida indicadas por essa casa (consulte a página 24 para consultar o guia rápido dos significados das casas).

O equilíbrio dos objetos celestes nos signos ajuda você a desenvolver uma compreensão mais sutil de sua natureza. Uma armadilha que as pessoas podem enfrentar é a superidentificação com seu signo solar quando, na verdade, as pessoas são muito mais complexas. Por outro lado, alguém pode sentir que não se conecta com seu signo solar. Isso acontece porque ela tem vários planetas concentrados em um signo diferente, influenciando sua personalidade e como ela vivencia o mundo.

Embora a concentração de objetos atraia o foco para esse signo e amplie sua expressão em sua vida, nem todos os objetos têm o mesmo peso. É importante observar que os signos do Sol, do Ascendente e da Lua ainda carregam peso maior, e é por isso que nos concentramos tanto neles neste livro.

A história de um mapa astral

Então, como funciona a calibração na prática? Como você equilibra os elementos e desenvolve uma visão sobre o propósito de sua vida a partir de seu mapa natal? Vamos considerar um exemplo.

Este indivíduo é uma pessoa com maior ênfase em Água e Terra. Os signos do Sol e do Ascendente são o que imbui significativamente sua personalidade com as qualidades da Água. Júpiter e Plutão em signos de Água ampliam ainda mais o foco na conexão emocional e na intuição, na personalidade e no propósito de vida dessa pessoa. É provável que essa pessoa esteja motivada a buscar experiências emocionalmente ricas e intensas (Ascendente em Escorpião). Sua natureza essencial está profundamente interessada na conexão entre todas as coisas, e talvez ela busque oportunidades para a dissolução do eu para experimentar alguma verdade ou conexão maior (Sol em Peixes). Pessoas com Sol em Peixes frequentemente encontram essa conexão com um ideal superior ou unidade espiritual por meio da arte. Com Sol na Casa 5, da criatividade, podemos esperar que essa pessoa seja atraída pela expressão artística motivada por seu desejo de questionar a profundidade da emoção humana, especialmente tópicos tabus (Ascendente em Escorpião).

EXEMPLO DE MAPA

Data de nascimento 26 de fevereiro de 1990
Hora de nascimento 23h27
Local de nascimento Los Angeles, Califórnia

ELEMENTO	QUANTIDADE DE OBJETOS CELESTES
Terra	5
Ar	1
Água	4
Fogo	2

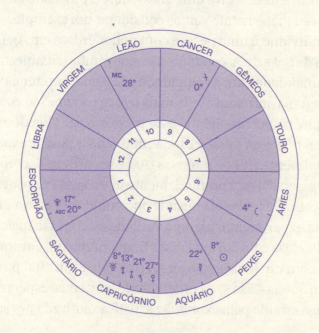

Enquanto alguém com mais Água pode lutar para ter estrutura e resistência, no exemplo do mapa, o indivíduo tem cinco planetas em Capricórnio (Vênus, Marte, Saturno, Urano e Netuno). Na verdade, há mais objetos em Terra do que em Água. Como dois de seus três grandes objetos celestes (o Sol e o Ascendente) estão em Água, é provável que ainda sinta as características de Água em evidência. Também terá, no entanto, um senso de estabilidade de Terra e, especialmente, qualidades de Capricórnio, como ser orientado para a realização, ter a capacidade de realizar tarefas e querer construir um legado. A essência de Peixes pode se perder na imaginação e na reflexão interior. No entanto, a concentração em Capricórnio deve indicar um forte nível de motivação para realizar tarefas e projetos, neutralizando alguns dos aspectos mais desafiadores de Água.

Muito foco está sendo direcionado para a Casa 3, que tem Capricórnio e cinco planetas. Notavelmente, o regente do Ascendente está aqui, direcionando a vida do indivíduo para os temas da Casa 3. É provável que a comunicação seja um elemento-chave do propósito de sua vida. Considerando, o Sol na Casa 5 (da criatividade), uma concentração de planetas na casa da comunicação e o Meio do Céu em Leão na Casa 10 (da carreira e da vida pública), é muito provável que essa pessoa seja atraída para a expressão artística na esfera pública. Leão na Casa 10 pode indicar que a carreira constitui desempenho ou exibição de trabalhos ao grande público, e a concentração de planetas na casa da comunicação significa que essa pessoa tem uma mensagem para compartilhar e a capacidade de compartilhá-la. A falta de Ar no mapa pode indicar que sua mensagem é comunicada por meios não linguísticos (por exemplo, música ou arte visual). No entanto, ter tantos planetas na casa da comunicação geralmente indica perspicácia em todas as formas de comunicação, em especial na escrita e na fala. Ela pode estar focada em criar uma experiência emocional para seu público (o elemento Água no Sol e no Ascendente).

A Lua (no elemento Fogo) em Áries provavelmente lhe dará tenacidade em expressar suas emoções e em defender a si mesma. O fato de a Lua estar na Casa 6 (rotina) e o Meio do Céu estar na Casa 10 chama atenção para a pessoa que expressa o propósito de sua vida por meio de seu trabalho e carreira. O fato de a Lua da pessoa estar posicionada na Casa 6 do trabalho cotidiano indica que ela encontrará bem-estar emocional por meio de uma abordagem ativa (Áries) de sua vida profissional, apoiando ainda mais o foco de Capricórnio nas realizações, provavelmente por meio de uma profissão.

Certamente, essa não é a única maneira de interpretar o mapa, mas espero que esse exemplo ilustre parte do pensamento que envolve a interpretação do mapa natal de uma pessoa e seu propósito de vida.

A sua história

Quanto mais refletir sobre o seu mapa natal, mais você se identificará e desenvolverá sua história e um propósito de vida que seja significativo para si. Esperamos que o exemplo anterior ajude você a começar, mas se estiver se sentindo travado, considere a seguinte abordagem:

+ Comece com seu signo solar para entender sua natureza essencial e onde e como você deseja iluminar essa natureza (a casa onde está o Sol).
+ Considere o Ascendente para entender o que o motiva e como essa motivação apoia e combina com sua natureza essencial.
+ Considere seu signo lunar e como os valores e qualidades desse signo apoiam ou entram em conflito com a natureza de seu signo solar e o seu Ascendente. Reflita sobre a casa onde está a Lua, onde encontra segurança emocional e bem-estar, e em como isso se relaciona com a casa do Sol e os tópicos da casa do regente do Ascendente em termos de propósito de vida.

- Verifique se há algum sinal de concentração de três ou mais objetos celestes. Considere como a natureza desse signo e os temas dessa casa fornecem informações sobre qualidades proeminentes de sua natureza e tópicos importantes em sua vida.
- Pense no equilíbrio dos elementos em seu mapa, em quais superpoderes isso o presenteia e, também, nos desafios que podem indicar.

Isso deve lhe dar um começo sólido para decodificar seu mapa natal e entender o propósito de sua vida. Saiba que, à medida que você cresce e muda, a expressão de cada posição também amadurece. Uma Lua em Áries imatura pode ser rápida em se sentir menosprezada, sempre buscando uma retribuição justa, enquanto uma Lua em Áries madura saberá quando escolher suas batalhas. Embora o mapa natal seja estático, sua expressão está sempre evoluindo. Essa evolução é o que faz valer a pena estudar seu mapa natal: por meio da autorreflexão, você não apenas possuirá sua verdadeira natureza, mas também cultivará a melhor expressão dela.

Afinal, decodificar seu mapa natal é um meio de autorreflexão para ajudar você escrever sua própria história. Por meio dessa prática, você pode ser protagonista de sua vida em vez de permanecer passivo e inconsciente. Embora a astrologia se baseie na crença de que você é o que estava destinado a ser, ela também fornece as ferramentas para você tirar o melhor proveito do seu eu único e belo. O mapa natal fala sobre sua natureza e seu potencial. Você tem o poder de aproveitar a sabedoria escondida nas estrelas para construir uma vida com propósito, significado e alegria.

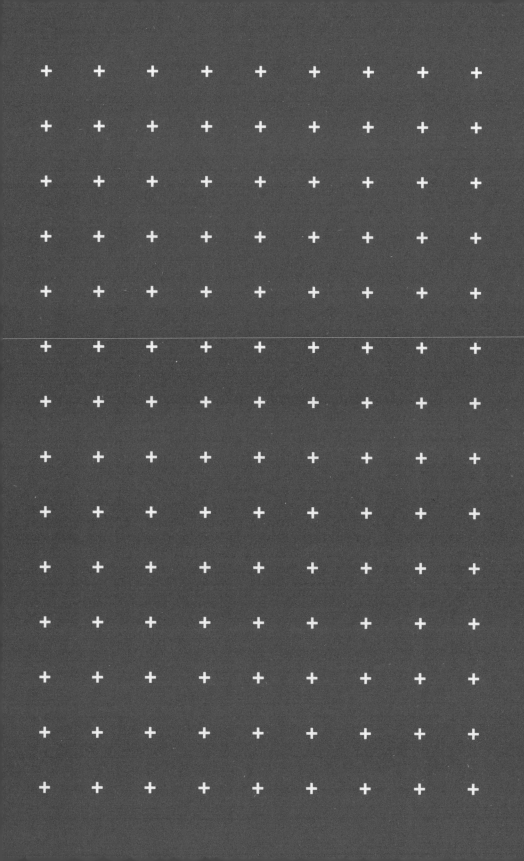

Agradecimentos

Este livro não existiria sem a erudição da comunidade astrológica. Minha prática foi especialmente influenciada por astrólogos que trabalharam incansavelmente para redescobrir e reviver a astrologia Helenística, particularmente Demetra George, Chris Brennan e Chani Nicholas. A esses astrólogos, a seus professores e colegas e a toda a linhagem de astrólogos, expresso minha gratidão.

Não é exagero dizer que a astróloga que sou hoje deve-se à gentileza e ao incentivo de Colin Bedell. Você é uma luz brilhante no mundo. Brilhe, amigo.

À equipe da Quarto, sou muito grata por essa oportunidade e pelo lindo livro que criamos juntos. Agradeço a Rage Kindelsperger por ver algo valioso em minhas divagações. Agradeço às minhas editoras Katie Moore e Elizabeth You por sua orientação e apoio. Elizabeth, sou muito grata especialmente a você. Este livro não existiria sem seu feedback perspicaz, encorajamento caloroso e profissionalismo excepcional. Você é uma editora talentosa e tenho muita sorte de ter trabalhado com você em meu primeiro livro.

Para minha amiga e agente, Marleen Seegers, palavras não podem expressar o quanto sou grata por tê-la em minha vida. Você é maravilhosa e brilhante, e eu sou muito agradecida pelo destino ter nos unido.

Sou infinitamente grata à minha comunidade de amigos e familiares, cujo amor e apoio criam um porto seguro a partir do qual posso correr riscos e lutar pelos meus sonhos. Agradecimentos especiais a Sarah, Natalee, Cathleen, Ceryn, Sassy, Justine, Jessie, Katrina, Jamie, Mark, Andrew e Paul. Sou uma pessoa melhor por ter todos vocês em minha vida. Este livro existe por causa de vocês. Obrigada.

Referências bibliográficas

BARNES, Jason. "Is a Moon Necessary for a Planet to Support Life?" Entrevistador: Ira Flatow. *Science Friday*, NPR, Nov 18, 2011. Áudio, 12:23. Disponível em: https://www.npr.org/2011/11/18/142512088/1s-a-moon-necessary-for-a-planet-to-support-life. Acesso em: 20 jul. 2023.

BRENNAN, Chris. *Hellenistic Astrology: The Study of Fate and Fortune*. Denver: Amor Fati, 2017.

BUIS, Alan. "Milankovitch (Orbital) Cycles and Their Role in Earth's Climate." *NASA Global Climate Change*. Disponível em: https://science.nasa.gov/science-research/earth-science/milankovitch-orbital-cycles-and-their-role-in-earths-climate/. Acesso em: 20 jul. 2023.

CSIKSZENTMIHALYI, Mihaly. *Creativity: The Psychology of Discovery and Invention*. Nova York: Harper Perennial, 2013.

GASKELL, Elizabeth. *The Life of Charlotte Brontë*. Londres: Smith, Elder, and Co., 1857.

GEORGE, Demetra. *Astrology and the Authentic Self: Integrating Traditional and Modern Astrology to Uncover the Essence of the Birth Chart*. Lake Worth: Ibis Press, 2008.

HOOKS, bell. "bell hooks by Lawrence Chua." Entrevistador: Lawrence Chua. *BOMB Magazine*, Jul 1, 1994. Disponível em: https://bombmagazine.org/articles/bell-hooks. Acesso em: 20 jul. 2023.

HSU, Hua. "The Revolutionary Writing of bell hooks." *The New Yorker,* Dez 15, 2021. Disponível em: https://www.newyorker.com/culture/postscript/the-revolutionary-writing-of-bell-hooks. Acesso em: 20 jul. 2023.

KANE, Stephen R. "Worlds without Moons: Exomoon Constraints for Compact Planetary Systems." *Astrophysical Journal,* Letters 839, n. 2 (Abril 2017). Disponível em: https://iopscience.iop.org/article/10.3847/2041-8213/aa6bf2. Acesso em: 20 jul. 2023.

MARGESSON, Maud. *The Brontës and Their Stars*. Londres: Rider and Co., 1928.

NICHOLAS, Chani. *You Were Born for This*. Nova York: HarperOne, 2020.

RENSTROM, Christopher. *The Cosmic Calendar: Using Astrology to Get in Sync with Your Best Life*. Nova York: TarcherPerigee, 2020.

VIERECK, George Sylvester. "What Life Means to Einstein: An Interview with George Sylvester Viereck." *Saturday Evening Post,* Out 26, 1929. Disponível em: https://rasanenpajari.tumblr.com/post/74269179036/embed. Acesso em: 20 jul. 2023.

Índice remissivo

A

Água:
　abordagem de investigação, 81
　Ascendente, 96
　calibração da balança, 267, 269
　Câncer, 25-6, 42-3, 239, 241, 244, 246-7
　Cardinal, 42, 241
　Casa 2, 240-4, 246
　Casa 6, 243-6
　Casa 10, 246-8
　Casas de Substância, 239-48
　descrição, 34-5
　Escorpião, 25-6
　Peixes, 25-6, 58, 239, 242-3, 245-6, 248
　Sol, 35
Aquário:
　Ascendente, 125
　calibração da balança, 265-71
　Casa 6, 235
　Casa 10, 238
　estilo criativo, 73
　estilo de comunicação, 69, 85
　Fixo, 26, 56
　glifo, 26
　Lua, 177-9
　Saturno, 25-6, 56, 125, 177, 232
　Sol, 56-7, 115
　Urano, 25-6, 56-7, 98, 126, 178, 233
Ar:
　abordagem de investigação, 81
　Aquário, 26, 56-7, 177
　Ascendente, 96, 104, 112, 117
　calibração de balança, 267-8
　Casas de Substância, 212-4, 216, 229-33, 235-8
　descrição, 34-5
　Gêmeos, 26, 40-1, 112, 229-31
　Libra, 26, 48-9, 112, 229, 232
　Casa 1, 186
　Casa 2, 231
　Casa 5, 192
　Casa 6, 233

　Casa 10, 236
　Casa 11, 200-1
　Sol, 34, 40-1
Áries:
　Ascendente, 100-1, 228
　calibração da balança, 265-71
　Cardinal, 26, 36, 100, 251
　Casa 2, 251
　Casa 6, 253-4
　Casa 10, 256
　estilo criativo, 73
　estilo de comunicação, 69, 85
　glifo, 26
　Lua, 156-7, 250, 274
　Marte, 36, 100-1, 124-5
　Sol, 36-7
artista, arquétipo do, 165, 180
Ascendente:
　Água, 96
　Aquário, 98, 120-1, 243, 247
　Ar, 96, 104, 112
　Áries, 100-1, 228
　calibração do, 273-4
　Capricórnio, 118-9, 237
　Cardinal, 96
　Casa 1, 20-1, 64-5, 127-8
　Casa 2, 129-30
　Casa 3, 130-1
　Casa 4, 132-3
　Casa 5, 133-4
　Casa 6, 134-5
　Casa 7, 135-6
　Casa 8, 136-7
　Casa 9, 138-9
　Casa 10, 139-40
　Casa 11, 140-1
　Casa 12, 141-2
　Casas de Substância, 216
　definição, 20
　eclíptica, 19, 22
　elemento, 96

Escorpião, 115, 257
Fixo, 96
Fogo, 96, 216
Gêmeos, 104-5, 248
Leão, 108-9, 226
Libra, 112-3, 246
mapa natal, 20
Mutável, 96
Peixes, 122-3, 251
ponto, 20, 22
posição, 62, 127
regentes, 94, 98, 124-5, 147-8, 184
retificação, 22
Sagitário, 116, 117, 227
signo zodiacal, 20-1
Terra, 96
Touro, 102-3
Virgem, 110-1, 128
Astro.com, 28
astrologia helenística, 20, 95
Astrologia Natal, 10

B
Brontë, Emily, 204-5
mapa natal, 204

C
Cafe Astrology, 28
calibração:
  abordagem, 264
  Ascendente, 265, 270
  casa, 269
  elementos, 267-70
  exemplo de mapa natal, 271-4
  introdução, 264
  peso, 265
  signo, 269
Câncer:
  Ascendente, 106-7, 256
  calibração da balança, 265-71
  Cardinal, 26, 42-3, 241
  Casa 2, 241
  Casa 6, 244
  Casa 10, 246
  estilo criativo, 73
  estilo de comunicação, 69, 85
  glifo, 26
  Lua, 26, 42-3, 106-7, 125, 164, 204
  Sol, 42-3, 66
Capricórnio:
  Ascendente, 118-9, 230, 237
  calibração da balança, 265-71
  Cardinal, 26, 54-5, 118
  Casa 2, 222-3
  Casa 6, 225
  Casa 10, 228
  estilo criativo, 73
  estilo de comunicação, 69, 85
  glifo, 26
  Lua, 175-6
  Saturno, 26, 118, 125
  Sol, 54-5
  Urano, 176
Cardinal:
  Áries, 26, 36-7, 100, 251
  Ascendente, 96
  Câncer, 26, 42-3, 241
  Capricórnio, 26, 54-5, 118-9, 237
  descrição, 34
  Libra, 26, 48-9, 112, 237
Casa 1:
  Ar, 186
  Ascendente, 22, 60-1, 95, 128
  calibração da balança, 265-6
  Fogo, 187
  Lua, 185-7
  significado, 23-4, 63
  Sol, 64
  Terra, 186
  Urano, 228
Casa 2:
  Água, 231, 241
  Ar, 231-2
  Ascendente, 129
  calibração da balança, 265-6
  Casas de Substância, 211-4, 219-20
  Fogo, 249-50, 253
  Lua, 185, 187
  significado, 23-4, 63
  Sol, 66-7

Terra, 220-1
Casa 3:
   Ascendente, 130, 272
   calibração da balança, 265-6
   estilo de comunicação, 69
   Júpiter, 117
   Lua, 185, 189
   significado, 23-4, 63
   Sol, 68-9
Casa 4:
   Ascendente, 132
   calibração da balança, 265-6
   equilíbrio entre vida profissional e pessoal, 82-3
   Lua, 165, 185, 190
   significado, 23-4, 63
   Sol, 70-1
Casa 5:
   Ascendente, 133
   calibração da balança, 265-6
   estilo criativo, 73
   Fogo, 192
   Lua, 183-5, 192
   significado, 23-4, 63
   Sol, 72, 270, 272
   Terra, 192
Casa 6:
   Água, 243-4
   Ar, 233-4
   Ascendente, 134
   calibração da balança, 265-6
   Casa de Substância, 212, 214, 216-7
   Fogo, 253-4
   Lua, 185, 193, 273
   significado, 23-4, 63
   Sol, 74-5
   Terra, 223-4
Casa 7:
   Ascendente, 135
   calibração da balança, 265-6
   Lua, 185, 194
   significado, 23-4, 63
   Sol, 76-7, 128
Casa 8:
   Ascendente, 136
   calibração da balança, 265-6
   Lua, 185, 196
   significado, 23-4, 63
   Sol, 78-9
Casa 9:
   abordagem de investigação, 81
   Ascendente, 138
   calibração da balança, 265-6
   Júpiter, 117
   Lua, 185, 198, 205
   Meio do Céu (MC), 217
   significado, 23-4, 63
   Sol, 80-1, 88
Casa 10:
   Água, 236, 246, 248
   Ar, 236, 238
   Ascendente, 139
   calibração da balança, 265-6
   Casas de Substância, 212-3, 216-7
   equilíbrio entre vida profissional e pessoal, 82-3
   Fogo, 255, 257
   Lua, 165, 185, 199, 273
   Meio do Céu (MC), 217
   significado, 23-4, 63
   Sol, 70, 82-3, 205
   Terra, 226, 228
   Urano, 228
Casa 11:
   Ar, 140, 200
   Ascendente, 140
   calibração da balança, 265-6
   Fogo, 201
   Lua, 165, 185, 200-1
   significado, 23-4, 63
   Sol, 84-5
   Terra, 200
Casa 12:
   Ascendente, 141
   calibração da balança, 265-6
   Lua, 185, 201
   significado, 23-4, 63
   Sol, 86-7
Casas de Substância:
   Água, 212, 241-2, 244-9

Ar, 212-3, 231, 233-4, 236, 238-9
Ascendente, 216
 descrições das, 213
 Fogo, 212-3, 250, 253, 255-7
 mapa natal, 215-7
 Meio do Céu (MC), 217
 Terra, 212-3, 215, 218, 220-1, 224-5
 ver também casas individuais
código astrológico, 19
comunicação, estilo de, 69
Cosmic Calendar, The (Renstrom), 37
Creativity: The Psychology of Discovery and Invention (Csikszentmihalyi), 40
Csikszentmihalyi, Mihaly, 40

D

Decifrando o código, 14-5, 29, 60, 62, 124, 127:
 Seu bem-estar emocional, 206
 Seu trabalho, 260
 Sua essência, 90
 Sua motivação, 146

E

eclíptica, 19:
 Ascendente, 22
 mapa natal, 19
 Meio do Céu (MC), 27, 217
Einstein, Albert:
 entrevista para o The Saturday Evening Post, 89
 mapa natal, 88-9
Elway, John, 84
Escorpião:
 Ascendente, 114-5, 257
 calibração da balança, 265-71
 Casa 10, 247-8
 Casa 2, 242
 Casa 6, 244
 estilo criativo, 73
 estilo de comunicação, 69, 85
 Fixo, 26, 50-1, 114
 glifo, 26
 Lua, 171-2
 Marte, 50, 114-5, 125, 171, 244
 Plutão, 25, 50-1, 126, 172

Sol, 50-1

F

filósofo, arquétipo do, 116
Fixo, 34:
 Aquário, 26, 56-7
 Ascendente, 96
 descrição, 34
 Escorpião, 26, 50-1, 114
 Leão, 26, 44-5
 Sol, 34
 Touro, 26, 38-9, 102-3, 220
Fogo:
 abordagem de investigação, 81
 Áries, 26, 36-7, 100, 156, 251, 253-4, 256, 273
 Ascendente, 96, 216
 calibração da balança, 267-70
 Cardinal, 100, 251
 Casa 1, 186
 Casa 2, 250, 253
 Casa 5, 192
 Casa 6, 253-4
 Casa 10, 255, 258
 Casa 11, 201
 Casas de Substância, 212, 216, 249, 251-2, 254, 256, 258
 descrição, 34
 Leão, 26, 44-5, 252, 254, 257
 Sagitário, 26, 52-3, 117, 252, 255, 258
 Sol, 34, 36-7, 81
Fonda, Jane, 54

G

Gêmeos:
 Ascendente, 104-5
 calibração da balança, 265-71
 Casa 2, 231, 234
 Casa 10, 236
 estilo criativo, 73
 estilo de comunicação, 69, 85
 glifo, 26
 Lua, 160-1
 Mercúrio, 26, 40-1, 104, 125, 160, 231, 236
 Mutável, 26, 40-1, 231

Sol, 40-1
glifos *ver* planetas individuais
   signos do zodíaco
Goldberg, Whoopi, 82
guerreiro, arquétipo do, 36-7, 251

H
Hill, Lauryn, 82
hooks, bell, 144-5:
   mapa natal, 144
horóscopos populares, advento dos, 33

J
Júpiter:
   Casa 3, 117
   Casa 9, 117
   glifo, 27
   Peixes, 26, 58-9, 122, 124
   Sagitário, 26, 52-3, 116-7, 125, 173, 258
   velocidade, 126

L
Le Guin, Ursula K., 21-3, 25:
   mapa natal, 20-2
Leão:
   Ascendente, 108-9, 226
   calibração da balança, 265-71
   Casa 2, 252
   Casa 6, 254
   Casa 10, 226, 257, 272
   estilo criativo, 73
   estilo de comunicação, 69, 85
   Fixo, 26, 44-5
   glifo, 26
   Lua, 164-5, 199
   regente tradicional, 125
   Sol, 26, 44-5, 64, 108-9, 125
Libra:
   Ascendente, 112-3, 246
   calibração da balança, 265-71
   Câncer, 247
   Cardinal, 26, 48-9, 112
   estilo criativo, 73
   estilo de comunicação, 69, 85
   glifo, 26

   Lua, 169-70
   Casa 6, 246
   Casa 10, 237
   Peixes, 245-6
   Sol, 48-9, 68
   Vênus, 26, 48, 112-3, 125, 169-70, 232, 234, 237
Lua:
   Aquário, 177, 178
   Áries, 156, 157
   calibração, 265, 271, 275
   Câncer, 26, 42-3, 106, 125, 162, 164, 204
   Capricórnio, 175-6
   Casa 1, 185-6
   Casa 2, 185, 187
   Casa 3, 185, 189
   Casa 4, 165, 185, 190
   Casa 5, 183, 185, 192
   Casa 6, 185, 193, 273
   Casa 7, 185, 194
   Casa 8, 185, 196
   Casa 9, 185, 198, 205
   Casa 10, 165, 185
   Casa 11, 165, 185, 200
   Casa 12, 185, 201
   decodificando as posições da, 184, 187-8, 190-1, 193-5, 197-9, 201-2
   Escorpião, 171-2
   Gêmeos, 160-1, 164
   glifo, 27
   Leão, 164-5, 199
   Libra, 169-70
   papel na astrologia, 151, 153
   Peixes, 180-1
   posição, 62, 127
   representação da, 27
   Sagitário, 173-4
   significado da, 27
   signo lunar e propósito de vida, 154
   Touro, 158-9
   Virgem, 166, 168
luminares, 27 *ver* também Lua
   Sol

M

mapa natal, 11-4, 18-20, 23, 25, 27-9, 33, 35, 60-3, 77-8, 94-5, 97, 127, 136-7, 139, 154, 182-4, 196, 210-1, 217, 264-5, 270, 273-4:
- Albert Einstein, 88-9
- Ascendente, 20
- bell hooks, 144, 182
- como criar o seu, 28-9
- componentes, 19
- eclíptica, 19
- Emily Brontë, 204
- exemplo de calibração, 269, 271-2
- glifos, 19
- introdução, 19
- luminares, 27
- meu código astrológico, 29
- recursos para informações, 28
- Ursula K. L. Guin, 20-2, 25

Marceau, Marcel, 84

Marte:
- Áries, 36-7, 100, 124
- Escorpião, 50, 114, 125, 171, 244
- glifo, 27
- velocidade, 126

McCartney, Paul, 82

Medium Coelli *ver* Meio do Céu (MC)

Meio do Céu (MC), 27-8:
- Casa 9, 217
- Casa 10, 217, 272
- Casas de Substância, 217
- definição, 19, 27

Mercúrio:
- Gêmeos, 26, 40, 104, 125, 160-1, 231, 236
- glifo, 27
- velocidade, 126
- Virgem, 46, 110, 125, 128, 161, 166, 221

Meu código astrológico, ficha, 29

modalidade *ver* Cardinal
- Fixo
- Mutável

Monroe, Marilyn, 84

Morrison, Jim, 84

Morrison, Toni, 82

morro dos ventos uivantes, O (Brontë), 204-5

Mutável:
- Ascendente, 96
- descrição, 34
- Gêmeos, 26, 40-1, 66, 104, 162, 231, 236
- Peixes, 26, 58-9, 66
- Sagitário, 26, 46, 52-3, 66, 116
- signo, 55, 66, 236
- Virgem, 26, 46, 110

N

Netuno, 126:
- glifo, 27
- Peixes, 26, 58-9, 126
- velocidade, 126

Nicholas, Chani, 50

P

Pacino, Al, 82

Patreon, plataforma, 84

Peixes:
- Ascendente, 122-3, 258
- calibração da balança, 265-71
- Casa 2, 242
- Casa 3, 68
- Casa 6, 74, 246
- Casa 9, 88
- Casa 10, 248
- Casa 12, 86
- estilo criativo, 73
- estilo de comunicação, 69, 85
- glifo, 26
- Júpiter, 26, 58-9, 122, 125
- Libra, 246
- Lua, 180-1
- Mutável, 58-9, 66
- Netuno, 26, 58-9, 126
- Sol, 58-9, 68

Placidus, sistema, 20

planetas regentes, 27:
- velocidade dos, 126

Plutão:
- Escorpião, 26, 50-1, 127, 172
- glifo, 27
- velocidade, 126

pontos essenciais *ver* Ascendente

Meio do Céu (MC)
Purja, Nirmal, 44-5

R
recalibração, 13, 170
regente:
   moderno, 126
   tradicional, 125
Renstrom, Christopher, 37
retificação, 22
Rudd, Paul, 82

S
Sagitário:
   Ascendente, 116-7
   calibração da balança, 265-71
   Casa 2, 252
   Casa 6, 255
   Casa 10, 258
   estilo criativo, 73
   estilo de comunicação, 69, 85
   glifo, 26
   Júpiter, 26, 52, 53, 116, 117, 125, 173, 258
   Lua, 173, 174
   Mutável, 26, 52-3, 66, 116
   Sol, 52-3
Saturno:
   Aquário, 56-7, 120-1, 124
   Capricórnio, 26, 54-5, 118, 125
   glifo, 27
   velocidade, 126
Sistema de Casas Iguais, 21, 23, 28
Sistema de Casas Inteiras, 20, 217
socialite, arquétipo da, 48
Sol:
   Aquário, 56-7
   Ar, 34, 40-1
   Áries, 36-7, 42
   calibração, 265, 271, 273-4
   Câncer, 42-3, 66
   Capricórnio, 54-5
   Casa 1, 64-5
   Casa 2, 66-7
   Casa 3, 68-9
   Casa 4, 70-1
   Casa 5, 72-3, 270, 272
   Casa 6, 74-5
   Casa 7, 76-7, 128
   Casa 8, 78-9
   Casa 9, 80-1, 88
   Casa 10, 82-3, 205
   Casa 11, 84-5
   Casa 12, 86-7
   Escorpião, 50-1
   Gêmeos, 40
   glifo, 27
   Leão, 26, 44, 64, 108-9, 125
   Libra, 48-9, 68
   Peixes, 58-9, 68
   representação, 25, 27
   Sagitário, 52-3
   Touro, 38-9
   Virgem, 46-7
Stefani, Gwen, 82
Stewart, Martha, 82

T
Terra:
   abordagem de investigação, 81
   Ascendente, 96
   calibração da balança, 266-8
   Capricórnio, 26, 54-5, 222, 225, 228, 266
   Casa 1, 186
   Casa 2, 220-1
   Casa 5, 192
   Casa 6, 223-5
   Casa 10, 226, 228
   Casa 11, 200
   Casas de Substância, 212-3, 218, 220, 222, 224-5, 227
   descrição, 34
   Sol, 34
   Touro, 26, 38, 102-3, 220, 223, 226, 266
   Virgem, 26, 46-7, 167, 221-2, 224, 227, 266
Touro:
   Ascendente, 102, 103, 169, 234, 238
   calibração da balança, 265-71
   Casa 2, 20, 213, 220-1
   Casa 6, 74, 223
   Casa 10, 226

Casa 12, 86
estilo criativo, 73
estilo de comunicação, 69, 85
Fixo, 26, 38, 220
glifo, 26
Lua, 158-60
Sol, 38-9, 115
Vênus, 26, 38-9, 102-3, 112, 125, 220

U
Urano:
Aquário, 26, 56-7, 98, 125-6, 178, 233
Capricórnio, 176
glifo, 26-7
Casa 1, 228
Casa 10, 228
velocidade, 126

V
Vênus:
Libra, 48, 112-3, 125, 232, 234

Touro, 38-9, 102-3, 125, 220, 226
glifo, 27
velocidade, 126
Virgem:
Ascendente, 110-1, 236
calibração da balança, 265-71
Casa 2, 221-2
Casa 6, 74, 224-5
Casa 10, 199, 227
estilo criativo, 73
estilo de comunicação, 69, 85
glifo, 26
Lua, 166-8
Mercúrio, 46, 110, 125, 128, 166, 221
Mutável, 46, 66, 236
Sol, 46-7

Z
Zodíaco *ver* signos individuais

Sobre a autora

Allison Scott é editora, astróloga e facilitadora de criatividade, e mora no sul da Califórnia. Por meio de horóscopos, leituras astrológicas individuais e imersões, ela ajuda as pessoas a entenderem e se conectarem com o propósito de suas vidas e com a criatividade inerente a cada uma delas, e, também, ajuda artistas a tornarem reais os seus trabalhos criativos. Você pode se conectar com a Allison no Instagram @conjuringthemuse e saber mais sobre como trabalhar com ela em conjuringthemuse.com.

Fontes **Tiempos, Favorit**
Papel **Pólen bold 70 g/m²**
Impressão **Geográfica**